SÉRIE GESTÃO
FERRAMENTAS
PLANEJAMENTO

FERRAMENTAS

BRAINSTORMING
BENCHMARKING
MODEL BUSINESS CANVA

DAYANE IGLESIAS

DEDICATÓRIA

Dedico este livro à minha amada avó, cujo amor por mim ultrapassou todas as barreiras e cuja memória ainda inspira cada palavra que escrevo. E à minha preciosa filha, que é a luz da minha vida e o amor do meu coração. A vocês, meus verdadeiros tesouros, deixo minha eterna gratidão.

SUMÁRIO

AGRADECIMENTOS

A cada palavra escrita neste livro, reflito sobre as jornadas que percorri e as lições que aprendi. Este livro não é apenas um acúmulo de páginas e palavras, mas um mosaico das experiências, ensinamentos e inspirações que recebi de cada pessoa ou situação que cruzou o meu caminho.

À minha família, minha eterna gratidão. Vocês foram a bússola que me guiou, a luz que iluminou meus caminhos mais escuros e o porto seguro onde sempre posso me ancorar. Em cada desafio, cada conquista, cada tropeço e cada vitória, senti o peso e o valor do amor e do apoio incondicional que vocês me proporcionaram. Vocês são as verdadeiras estrelas desta jornada, iluminando cada passo que dou.

Aos mentores, colegas e amigos, minha profunda gratidão. Cada um de vocês contribuiu para moldar o profissional e o ser humano que sou hoje. Suas palavras de incentivo, seus conselhos sábios e sua presença constante foram fundamentais para o meu crescimento. Vocês me ensinaram a ser resiliente, a buscar a excelência e a nunca desistir dos meus sonhos.

E a você, leitor, que agora segura este livro em suas mãos, meu sincero agradecimento. Ao compartilhar estas páginas com você, compartilho também um pedaço da minha alma, das minhas vivências e das minhas aspirações. Espero que encontre nestas palavras não só conhecimento e inspiração, mas também um eco das suas próprias experiências e sonhos.

Com amor e gratidão,

Dayane Iglesias

INTRODUÇÃO

Este livro é parte de uma série que tem como foco a gestão e como ela pode ser aprimorada através de diferentes técnicas e ferramentas.

Engloba uma variedade de tópicos cruciais que são essenciais para qualquer gestor, independentemente do nível de experiência ou setor de atuação. Neste livro inclui técnicas inovadoras de brainstorming que podem ser utilizadas para estimular o pensamento criativo e a geração de ideias, uma análise minuciosa de benchmarking para ajudar as empresas a comparar seus desempenhos com os dos concorrentes e identificar áreas para melhorias, e a utilização do Business Model Canvas, uma ferramenta visual que permite aos gestores mapear, discutir, projetar e inventar novos modelos de negócios.

Este livro não é apenas teórico, mas também prático. Ele fornece informações que os leitores podem usar para aplicar os conceitos aprendidos em suas próprias organizações. É uma ferramenta de aprendizado dinâmica que encoraja a reflexão e a ação.

Preparado para ajudar gestores de todos os níveis a aprimorar suas habilidades e conhecimentos, este livro serve como um recurso valioso para todos os profissionais que buscam melhorar a eficácia de suas práticas de gestão. Ele é uma leitura obrigatória para aqueles que desejam levar suas habilidades de gestão para o próximo nível e realmente fazer a diferença em suas organizações.

BRAINSTORMING

Introdução ao Brainstorming

O que é brainstorming?

Brainstorming é uma técnica de geração de ideias usada para estimular a criatividade de um grupo de pessoas. É um processo colaborativo no qual os participantes são encorajados a expressar livremente suas ideias, sem julgamento ou crítica, visando gerar o máximo de alternativas e soluções possíveis.

O brainstorming é frequentemente utilizado em discussões de grupo, reuniões de trabalho e sessões de planejamento para resolver problemas complexos ou desenvolver novas estratégias. É uma ferramenta valiosa para explorar diferentes perspectivas e maximizar a diversidade de ideias.

No brainstorming, o foco é em quantidade, e não em qualidade, no estágio inicial. Todas as ideias são consideradas válidas, mesmo que pareçam impraticáveis ou fora do comum. A ideia é abrir espaço para a criatividade e a inovação, sem deixar que o julgamento prévio iniba o fluxo de pensamento.

Existem duas formas principais de brainstorming: o brainstorming individual e o brainstorming em grupo. No brainstorming individual, cada participante escreve suas ideias em um papel ou documento separado, sem se preocupar com a ordem ou a organização. Essa técnica é útil quando os membros do grupo precisam de um tempo para pensar e refletir antes de compartilhar suas sugestões.

No brainstorming em grupo, os participantes se reúnem em uma sala e compartilham suas ideias oralmente. Um facilitador pode ser designado para anotar todas as sugestões em um quadro ou em um documento compartilhado. O objetivo é criar um ambiente de colaboração e incentivar a interação entre os membros do grupo, permitindo que ideias novas e originais surjam a partir das contribuições dos outros.

Durante um brainstorming eficaz, algumas diretrizes podem ser seguidas para melhorar a participação e a produtividade do grupo. Alguns dos princípios básicos incluem:

1.Suspender o julgamento: Evite criticar ou avaliar as ideias durante a fase de geração. Todas as sugestões são válidas e devem ser registradas.

2.Encorajar a participação de todos: Garanta que todas as vozes sejam ouvidas e que todos os membros do grupo tenham a oportunidade de contribuir.

3.Construir sobre as ideias dos outros: Use as sugestões dos outros como ponto de partida para gerar novas ideias ou melhorar as existentes.

4.Ir além dos limites: Não tenha medo de pensar fora da caixa e considerar soluções não convencionais. Estimule a criatividade e a inovação.

5.Estabelecer um limite de tempo: Defina um prazo para o processo de brainstorming, para evitar que a discussão se prolongue indefinidamente. Isso manterá o grupo focado e garantirá resultados mais concretos.

Ao final do processo de brainstorming, todas as ideias devem ser revisadas e avaliadas para identificar as mais viáveis e relevantes para a situação em questão. Essa etapa pode envolver a combinação de ideias semelhantes, a eliminação de sugestões inviáveis ou a priorização das soluções mais promissoras.

Lembre-se de que o brainstorming é uma ferramenta flexível e adaptável, e pode ser personalizado de acordo com as necessidades e os objetivos de cada grupo. Com uma abordagem aberta e colaborativa, o brainstorming pode gerar insights valiosos e promover a inovação em qualquer contexto.

O brainstorming é uma técnica muito utilizada para fomentar a geração de ideias em grupo.

1.Estimular a criatividade: O principal objetivo do brainstorming é estimular a criatividade dos participantes. Ao criar um ambiente livre de julgamentos e críticas, as pessoas se sentem mais à vontade para expressar suas ideias mais inovadoras. Isso permite que surjam soluções únicas e fora da caixa para os desafios propostos.

2.Encorajar a participação e colaboração: Outro objetivo importante do brainstorming é encorajar a participação de todos os membros do grupo. Ao proporcionar um espaço onde todas as ideias são valorizadas e ouvidas, os participantes se sentem incentivados a contribuir ativamente. Isso promove a colaboração entre os membros do grupo e aumenta o potencial de encontrar soluções mais abrangentes e eficazes.

3.Resolver problemas complexos: O brainstorming é uma técnica especialmente útil para resolver problemas complexos ou desafiadores. Ao reunir diferentes perspectivas e experiências, o grupo pode analisar a situação de diferentes ângulos e identificar alternativas que talvez não fossem cogitadas individualmente. Os objetivos nesse caso seriam encontrar soluções criativas e inovadoras para o problema em questão.

4.Estimular o pensamento divergente: O pensamento divergente é a capacidade de gerar uma ampla gama de ideias diferentes. O objetivo do brainstorming é estimular esse tipo de pensamento, incentivando os participantes a pensar de forma não linear e explorar uma variedade de abordagens. Dessa forma, é possível evitar soluções óbvias ou convencionais e ir além das limitações impostas pela maneira habitual de pensar.

5.Promover o engajamento e a motivação: O brainstorming também tem como objetivo promover o engajamento e aumentar a motivação dos participantes. Ao permitir que todos se expressem livremente e se sintam valorizados, as pessoas se sentem mais envolvidas e motivadas com o processo. Isso cria um ambiente propício para a inovação e aumenta a predisposição para a colaboração.

6.Tomada de decisões mais eficazes: Por fim, o brainstorming visa contribuir para a tomada de decisões mais eficazes. Ao analisar uma variedade de ideias e perspectivas, é possível tomar decisões mais fundamentadas e consideradas. Além disso, o envolvimento de todos os participantes no processo de brainstorming também pode ajudar a aumentar a aceitação das decisões tomadas e promover uma maior adesão às soluções propostas.

Vantagens e benefícios do brainstorming

O brainstorming é uma técnica eficaz de geração de ideias em grupo.

1. Estimula a criatividade: Uma das principais vantagens do brainstorming é que ele estimula a criatividade dos participantes. Ao permitir que diferentes ideias sejam compartilhadas e discutidas, o brainstorming abre espaço para o pensamento criativo e inovador. Muitas vezes, as melhores soluções surgem a partir de ideias aparentemente absurdas ou fora do comum.

2. Encoraja a participação e a colaboração: O brainstorming é uma prática que valoriza a participação de todos os membros do grupo. Ao criar um ambiente colaborativo, onde todas as ideias são consideradas e respeitadas, o brainstorming promove a igualdade de voz e estimula a participação ativa de todos. Isso pode melhorar a dinâmica do grupo e encorajar uma maior contribuição de todos os participantes.

3. Fomenta a diversidade de pensamento: Ao reunir diferentes pessoas com experiências, habilidades e perspectivas diversas, o brainstorming fomenta a diversidade de pensamento. Essa diversidade é valiosa, pois permite abordar um problema de diferentes ângulos e considerar uma ampla gama de soluções possíveis. O brainstorming permite que ideias sejam construídas a partir de diferentes perspectivas, enriquecendo a qualidade das soluções propostas.

4. Estimula a comunicação e a expressão de ideias: O brainstorming é uma prática que incentiva a comunicação aberta e efetiva entre os membros do grupo. Ao compartilhar ideias, explicar pontos de vista e ouvir os outros, os participantes exercitam suas habilidades de comunicação e aprimoram sua capacidade de expressar suas ideias de forma clara e concisa. Essa habilidade de comunicação é valiosa em muitos aspectos da vida pessoal e profissional.

5. Favorece a tomada de decisões participativa: O brainstorming é uma ferramenta útil para envolver todas as partes interessadas em um processo de tomada de decisões. Ao permitir que todos os membros do grupo participem ativamente da geração de ideias e da discussão, o brainstorming promove uma maior compreensão e legitimação das decisões tomadas. Isso pode aumentar a aceitação das decisões e melhorar sua implementação.

6. Aumenta a motivação e o engajamento: O brainstorming cria um senso de propósito e estimula o engajamento dos participantes. Ao fazer parte de um processo de geração e seleção de ideias, os indivíduos se sentem valorizados e motivados a contribuir com suas melhores propostas. Essa motivação pode impulsionar a produtividade e a criatividade do grupo como um todo.

Em resumo, o brainstorming oferece uma série de vantagens e benefícios para o processo de geração de ideias. Estimula a criatividade, encoraja a participação e a colaboração, fomenta a diversidade de pensamento, estimula a comunicação e a expressão de ideias, favorece a tomada de decisões participativa e aumenta a motivação e o engajamento dos participantes. Ao incorporar o brainstorming em sua prática, você poderá desbloquear o potencial criativo de sua equipe e alcançar resultados mais inovadores e eficazes.

Preparação para o Brainstorming

Identificação do problema

O processo de identificação do problema é essencial para uma preparação adequada para o brainstorming. Nesta etapa, é fundamental compreender claramente qual é o desafio ou questão que precisa ser resolvido.

Passo 1: Coleta de informações

Antes de começar a identificar o problema, é importante reunir informações relevantes sobre o contexto em que ele se encontra. Isso pode ser feito por meio de pesquisas, conversas com stakeholders envolvidos ou análise de dados. Quanto mais informação você tiver, melhor será sua compreensão do problema.

Passo 2: Definição do problema

Após coletar as informações necessárias, é hora de definir claramente qual é o problema. Aqui, é importante ser específico e conciso. Evite generalizações vagas, pois elas podem dificultar o processo de geração de ideias no brainstorming posteriormente.

Passo 3: Análise das causas

Antes de seguir em frente, é recomendado também realizar uma análise das possíveis causas do problema identificado. Isso ajudará a compreender melhor quais são os fatores que podem estar contribuindo para a sua existência. A análise das causas também pode ser útil para auxiliar no desenvolvimento de soluções mais eficazes durante o brainstorming.

Passo 4: Identificação dos impactos e consequências

Além de compreender o problema em si, é importante também entender quais são os impactos e consequências que ele pode causar. Isso ajudará a priorizar o problema e a entender a sua relevância no contexto em que ele se insere. Além disso, identificar os impactos também pode ajudar a envolver os participantes do brainstorming de forma mais efetiva, uma vez que eles terão clareza sobre a importância de encontrar soluções.

Passo 5: Refinando a identificação do problema

Após realizar os passos anteriores, é possível que surjam novas informações ou insights que podem levar a uma melhor definição do problema. Esteja aberto a revisar e refinar a identificação do problema, se necessário. Quanto mais específica e precisa for a definição do problema, mais direcionado será o processo de brainstorming.

A identificação do problema é uma etapa crucial no processo de preparação para o brainstorming. Ao seguir os passos acima, você estará mais bem equipado para conduzir um brainstorming produtivo, com foco na resolução do problema identificado. Lembre-se de envolver todos os participantes e promover um ambiente de colaboração e livre de julgamentos durante o processo. O objetivo final é encontrar soluções criativas e inovadoras que atendam às necessidades e resolvam o problema identificado.

Definição dos participantes

Durante a preparação para uma sessão de brainstorming, definir os participantes é um passo crucial. A seleção cuidadosa dos membros do grupo pode influenciar de forma significativa o processo e os resultados do brainstorming.

Estabeleça o propósito do brainstorming:

Antes de definir os participantes, é essencial ter uma compreensão clara do propósito do brainstorming. Pergunte-se: qual é o objetivo dessa sessão? Identifique se o brainstorming será voltado para a solução de problemas, geração de ideias de negócio, inovação de produtos, entre outros. Essa definição ajudará a direcionar a seleção dos participantes.

Identifique as áreas de conhecimento relevantes:

Uma vez que o propósito do brainstorming tenha sido estabelecido, é importante identificar as áreas de conhecimento relevantes para o tema em questão. Determine quais especialidades, habilidades e experiências serão necessárias para abordar o tópico de forma abrangente e eficaz.

Considere a diversidade de perspectivas:

Um dos principais benefícios do brainstorming é a possibilidade de obter diferentes perspectivas sobre a questão em discussão. Ao definir os participantes, procure incluir pessoas de diferentes formações, culturas, níveis hierárquicos e personalidades. Essa diversidade de perspectivas pode enriquecer as discussões e permitir a geração de ideias mais variadas.

Avalie o tamanho do grupo:

O tamanho do grupo também é um fator importante a considerar. Ao definir os participantes, é recomendável manter o grupo em um tamanho relativamente pequeno, para que todos tenham a oportunidade de contribuir ativamente. Grupos grandes podem dificultar a participação e levar a conversas não produtivas. Em geral, um grupo de 5 a 10 participantes é ideal para um brainstorming eficaz.

Considere a disponibilidade e comprometimento dos participantes:

Verifique a disponibilidade dos potenciais participantes e certifique-se de que eles serão capazes de dedicar tempo e esforço ao brainstorming. É importante que os participantes estejam comprometidos com o processo e estejam dispostos a contribuir de maneira construtiva.

Equilibre a hierarquia:

Ao selecionar os participantes, é recomendável buscar um equilíbrio entre diferentes níveis hierárquicos dentro da organização. Isso permite que ideias fluam de maneira mais livre, sem a pressão de uma hierarquia rígida. Ao misturar líderes, supervisores e membros da equipe, você cria um ambiente no qual todos se sintam confortáveis em compartilhar suas ideias, independentemente do nível organizacional.

Prepare os participantes:

Antes da sessão de brainstorming, é importante informar os participantes sobre o propósito, o tema e as expectativas da reunião. Enviar uma agenda prévia e fornecer materiais relevantes para estudo prévio pode ajudar os participantes a se prepararem adequadamente e garantir que todos cheguem à reunião com uma compreensão comum do contexto e dos objetivos do brainstorming. Ao seguir essas orientações, você estará apto a realizar uma seleção eficiente e bem-sucedida dos participantes para a preparação de um brainstorming. Lembre-se de adaptar essas diretrizes às necessidades específicas do seu projeto e da sua equipe, visando criar um ambiente produtivo e colaborativo para o processo de geração de ideias.

Ambiente adequado para o brainstorming

O ambiente adequado para o brainstorming é essencial para garantir que o processo seja produtivo e eficiente.

1.Escolha um espaço tranquilo e sem interrupções: Para que o brainstorming seja efetivo, é importante escolher um local onde os participantes possam se concentrar e se sentir à vontade para expressar suas ideias. Evite áreas com muito barulho ou distrações externas que possam prejudicar o processo criativo.

2.Disponibilize materiais de escrita: Certifique-se de que haja materiais de escrita suficientes para todos os participantes, como canetas, lápis, post-its e folhas de papel. Isso facilitará o registro das ideias durante a sessão e permitirá que todos contribuam de forma ativa.

3.Crie uma atmosfera acolhedora: O ambiente físico deve ser convidativo e estimulante. Utilize cores e decorações que incentivem a criatividade, como murais com imagens inspiradoras ou frases motivacionais. Uma iluminação adequada também é importante para manter um clima agradável.

4.Estabeleça regras claras: Antes de começar o brainstorming, defina algumas regras básicas que ajudarão a orientar o processo. Por exemplo, encoraje os participantes a suspender o julgamento e a se concentrarem na geração de ideias, evitando críticas prematuras ou negativas. Além disso, estabeleça o tempo máximo para cada etapa do brainstorming, para garantir que todos tenham a oportunidade de contribuir.

5.Forneça estímulos adequados: Dependendo do contexto e do objetivo do brainstorming, pode ser útil disponibilizar recursos adicionais para estimular a criatividade. Isso pode incluir exemplos de projetos bem-sucedidos, pesquisas relevantes ou até mesmo música relaxante de fundo. Os estímulos devem estar alinhados com o tema do brainstorming e servir como inspiração para os participantes.

6.Facilite a comunicação e o compartilhamento de ideias: Garanta que todos os participantes tenham a oportunidade de falar e serem ouvidos. Promova um ambiente inclusivo e de respeito, encorajando a contribuição de todos. Utilize técnicas de facilitação, como o uso de um quadro branco ou flipchart, para registrar as ideias de forma visível e manter o foco do grupo.

7.Estabeleça metas claras: Antes de iniciar o brainstorming, defina os objetivos específicos que deseja alcançar. Isso ajudará a manter o foco e guiar o processo de geração de ideias. Por exemplo, se o objetivo for resolver um problema específico, certifique-se de que todos estejam cientes do problema e trabalhem para gerar soluções relevantes.

Preparar o ambiente adequado para o brainstorming é fundamental para maximizar a eficácia desse processo. Ao seguir essas recomendações, você estará criando um ambiente propício ao pensamento criativo, permitindo que os participantes se expressem livremente e gerem ideias inovadoras. Lembre-se de adaptar essas dicas de acordo com as necessidades e contexto de cada sessão de brainstorming.

Definição do foco

Definir o foco é uma etapa fundamental do processo de brainstorming. É nessa fase que determinamos a área ou tema específico em que iremos concentrar nossos esforços para gerar ideias e soluções. Ao definir adequadamente o foco, é mais fácil direcionar a criatividade e maximizar os resultados do brainstorming.

Passo 1: Identificar o problema ou objetivo

Antes de iniciar o processo de definição do foco, é importante identificar o problema ou objetivo que precisa ser resolvido ou alcançado. Tenha clareza sobre o que deseja conquistar ou solucionar, pois isso será essencial para direcionar a seleção das ideias geradas.

Passo 2: Realizar uma análise preliminar

Faça uma análise preliminar do problema ou objetivo identificado, levando em consideração o contexto em que ele se encontra. Considere fatores como público-alvo, recursos disponíveis, restrições e qualquer outra informação relevante. Essa análise ajudará a delimitar a área de foco e a evitar dispersões desnecessárias durante o processo de brainstorming.

Passo 3: Definir o escopo do foco

Com base na análise preliminar, defina o escopo do foco. Isso significa delimitar a área específica em que as ideias devem se concentrar. Evite generalidades e busque ser o mais específico possível. Quanto mais restrito for o foco, mais direcionadas e aplicáveis serão as ideias geradas.

Passo 4: Evitar a limitação excessiva

Embora seja importante definir um escopo específico para o foco, tome cuidado para não o limitar excessivamente. Lembre-se de permitir certa liberdade criativa, pois ideias inovadoras podem surgir de associações não óbvias ou de diferentes perspectivas. Busque o equilíbrio entre a restrição definida e a abertura para possibilidades surpreendentes.

Passo 5: Comunicar o foco aos participantes

Após definir o foco, é essencial comunicá-lo claramente aos participantes do processo de brainstorming. Certifique-se de que todos entendam exatamente qual é o escopo estabelecido, para que todas as ideias geradas estejam alinhadas com os objetivos definidos.

Passo 6: Iniciar o processo de brainstorming

Com o foco definido e comunicado, é hora de iniciar o processo de brainstorming. Encoraje os participantes a compartilharem livremente suas ideias, estimulando a criatividade e incentivando diferentes perspectivas. Lembre-se de que a quantidade de ideias é importante nessa etapa inicial, então não julgue ou descarte nenhuma sugestão prematuramente.

Passo 7: Selecionar as melhores ideias

Após o término do brainstorming, é hora de selecionar as melhores ideias geradas. Avalie cada uma delas com base em critérios pré-estabelecidos, como viabilidade, originalidade, relevância e potencial de solução para o problema identificado. As ideias selecionadas podem ser refinadas e desenvolvidas posteriormente.

Passo 8: Continuar o processo de brainstorming

Após selecionar as melhores ideias, é importante lembrar que o processo de brainstorming pode ser contínuo. Se necessário, retorne à etapa de definição do foco e repita o processo para gerar mais ideias específicas ou abordagens alternativas. Não tenha medo de iterar e evoluir seu foco à medida que novas informações e insights surgirem.

A definição do foco é uma etapa crucial no processo de brainstorming. Ao delimitar claramente o escopo e comunicar isso aos participantes, é possível direcionar a criatividade e alcançar melhores resultados. Lembre-se de equilibrar a restrição do foco com a liberdade criativa, visando a geração de ideias inovadoras e aplicáveis. Mantenha um processo iterativo e não tenha medo de definir o foco conforme necessário. Agora, você está pronto para dar início ao processo de brainstorming e alcançar soluções criativas e eficazes para os problemas e desafios que surgirem.

Geração de ideias

Vamos explorar a geração de ideias no contexto do processo de brainstorming. O brainstorming é uma técnica amplamente utilizada para estimular a criatividade e gerar ideias inovadoras. Vamos mergulhar e descobrir como você pode aproveitar ao máximo esse processo para estimular sua criatividade e gerar ideias incríveis!

Passo 1: Preparação

Antes de começar qualquer sessão de brainstorming, é importante definir um objetivo claro. Pergunte a si mesmo: qual é o problema ou desafio que você está tentando resolver? À medida que você se concentra, será mais fácil canalizar suas energias criativas para encontrar soluções eficazes.

Passo 2: Reúna uma equipe diversificada

Um dos princípios-chave do brainstorming é obter perspectivas diversas. Reúna uma equipe de pessoas com diferentes formações e experiências para trazer diferentes ideias e pontos de vista para a mesa. Certifique-se de envolver pessoas que sejam criativas, pensadoras críticas e abertas a novas possibilidades.

Passo 3: Estabeleça regras básicas

Antes de começar, é importante estabelecer algumas regras básicas. Encoraje todos os participantes a compartilhar livremente suas ideias sem julgamento. Incentive a suspensão de críticas durante a fase de geração de ideias, lembrando a todos que todas as sugestões são válidas e podem levar a novas perspectivas.

Passo 4: Brainstorming individual

Comece com uma sessão de brainstorming individual. Dê a cada participante um tempo definido, por exemplo, 10 minutos, para anotar todas as ideias que surgirem em suas mentes relacionadas ao problema ou desafio. É importante que cada pessoa se sinta livre para pensar e anotar quantas ideias forem possíveis, independentemente de sua viabilidade ou originalidade.

Passo 5: Compartilhamento de ideias

Após a sessão individual, é hora de compartilhar as ideias. Peça a cada participante que compartilhe suas ideias uma de cada vez, sem discussão ou julgamento. O objetivo desta fase é criar um ambiente de colaboração em que todos se sintam à vontade para expressar suas opiniões.

Passo 6: Combinação e expansão de ideias

Após o compartilhamento individual, comece a agrupar e combinar ideias semelhantes. Identifique padrões e temas emergentes e destaque as ideias mais promissoras. Em seguida, expanda essas ideias, adicionando detalhes e refinando-as para torná-las mais sólidas.

Passo 7: Filtragem e seleção

Agora é hora de filtrar e selecionar as melhores ideias. Avalie as ideias com base em sua viabilidade, eficácia e alinhamento com o objetivo definido inicialmente. Descarte as ideias que não sejam relevantes ou práticas, e concentre-se naquelas que têm potencial real para resolver o problema ou desafio.

Passo 8: Implementação e avaliação

Depois de selecionar as melhores ideias, é hora de implementá-las na prática. Desenvolva um plano de ação detalhado para cada ideia selecionada e atribua responsabilidades claras. Ao implementar as ideias, acompanhe seu progresso e avalie os resultados. Faça ajustes quando necessário e aprenda com o processo para futuras sessões de brainstorming.

Lembre-se de que a geração de ideias é um processo contínuo e que nem todas as ideias serão bem-sucedidas. O objetivo é estimular a criatividade e explorar novas possibilidades. Com prática e perseverança, você se tornará cada vez mais hábil em gerar ideias inovadoras e encontrar soluções eficazes para desafios diversos.

Agora que você tem as ferramentas para começar sua própria sessão de brainstorming, vá em frente e comece a explorar as infinitas possibilidades de geração de ideias!

Seleção de ideias

Como selecionar ideias no processo de brainstorming

Depois de passar pela etapa de definição do foco e geração de ideias durante o processo de brainstorming, é hora de selecionar as melhores ideias. A seleção adequada das ideias é crucial para garantir que você esteja trabalhando com conceitos relevantes e viáveis para o seu projeto.

1. Classificação das ideias

- Uma maneira de começar a selecionar ideias é classificá-las em diferentes categorias. Você pode usar critérios como relevância, originalidade, viabilidade técnica e vantagem competitiva para fazer essa classificação. Esta abordagem permite que você tenha uma visão geral das ideias e identifique aquelas que são mais promissoras.

2. Priorização das ideias

- Após a classificação das ideias, é importante priorizá-las. Você pode usar uma matriz de priorização, que é uma tabela com critérios de avaliação nas colunas e as ideias nas linhas. Atribua pesos para cada critério e pontue cada ideia com base nesses critérios. Isso lhe dará uma pontuação geral para cada ideia e permitirá que você identifique as melhores opções.

3. Feedback do grupo

- O processo de seleção de ideias pode se beneficiar do feedback do grupo. Ao compartilhar as ideias com colegas ou membros da equipe, você pode obter diferentes perspectivas e insights valiosos. O feedback do grupo pode ajudar a identificar possíveis problemas ou melhorias em certas ideias, além de reduzir o viés individual na seleção.

4. Análise de riscos e benefícios

- Além de considerar critérios objetivos, é importante analisar os riscos e benefícios associados a cada ideia. Pense em como cada ideia poderia impactar seu projeto, empresa ou clientes. Considere os recursos necessários para implementar a ideia, bem como os possíveis obstáculos e benefícios que ela pode trazer.

5. Experimentação

- Em algumas situações, pode ser útil experimentar diferentes ideias antes de selecionar uma. Isso pode ser feito por meio de prototipagem ou testes iniciais. Ao testar as ideias de forma prática, você pode obter dados e feedback concretos para tomar uma decisão informada.

Lembre-se de que o processo de seleção de ideias é iterativo e pode exigir revisões e ajustes. É importante manter a mente aberta e sempre reavaliar as ideias conforme novas informações se tornam disponíveis.

Papel do facilitador

O papel do facilitador é fundamental para garantir o sucesso do brainstorming. O facilitador desempenha um papel de liderança durante a sessão, guiando o processo de geração de ideias e garantindo que todos os participantes se sintam à vontade para contribuir.

Aqui estão algumas diretrizes para que você possa se tornar um facilitador eficaz durante uma sessão de brainstorming:

1.Crie um ambiente positivo e acolhedor: O primeiro passo para um facilitador é criar um ambiente seguro e acolhedor, onde todos se sintam à vontade para se expressar livremente.

Encoraje a participação de todos e crie um clima de respeito e abertura.

2.Estabeleça regras e diretrizes claras: Antes de começar o brainstorming, é importante definir algumas regras e diretrizes para manter a sessão organizada e focada. Por exemplo, pode-se estabelecer que todas as ideias são bem-vindas, encorajar a suspensão de julgamentos e incentivar a construção de ideias a partir das contribuições dos outros participantes.

3.Inicie com um aquecimento: Antes de começar a sessão de brainstorming, pode ser útil fazer um aquecimento para estimular a criatividade dos participantes. Isso pode envolver exercícios de quebra-gelo, como jogos de palavras ou atividades rápidas de resolução de problemas, para ajudar a despertar a mente e melhorar a colaboração em grupo.

4.Use técnicas de brainstorming variadas: Existem várias técnicas de brainstorming que podem ser usadas para estimular a geração de ideias.

Por exemplo, pode-se usar a técnica de tempestade de ideias, onde todos os participantes podem contribuir livremente, sem restrições. Outra técnica é o método 6-3-5, onde os participantes escrevem suas ideias individualmente e depois as compartilham em grupo.

5.Promova a escuta ativa: Como facilitador, é importante promover a escuta ativa durante o brainstorming. Isso significa dedicar atenção total aos participantes, demonstrar interesse genuíno em suas ideias e fazer perguntas para melhorar a compreensão. A escuta ativa ajuda a garantir que todas as ideias sejam consideradas e valorizadas.

6.Registre todas as ideias: É fundamental registrar todas as ideias geradas durante o brainstorming. Isso pode ser feito em um quadro branco, flipchart ou utilizando uma ferramenta de colaboração virtual, como um software de brainstorming online. Ao registrar as ideias, o facilitador está garantindo que nada seja perdido e que as contribuições de todos sejam valorizadas.

7.Faça um resumo e feche a sessão: Ao final da sessão de brainstorming, é importante fazer um resumo das principais ideias geradas e agradecer a participação de todos. O facilitador deve encorajar os participantes a continuarem pensando nas ideias geradas e se comprometerem a prosseguir com as próximas etapas.

Lembre-se de que o papel do facilitador é ajudar a criar um ambiente colaborativo e estimulante para o brainstorming. Ao seguir essas diretrizes, você estará bem equipado para liderar uma sessão de brainstorming de forma eficaz e obter resultados criativos e inovadores.

Quando se trata de facilitar o brainstorming, é essencial ter técnicas adequadas para estimular a participação de todos os membros do grupo. Essas técnicas ajudam a criar um ambiente colaborativo e encorajam a contribuição individual.

Quebra-gelo:

Comece a sessão com uma atividade de quebra-gelo para que todos se sintam mais confortáveis e abertos a compartilhar suas ideias. Isso pode incluir uma pergunta simples para que cada participante possa responder rapidamente, como "Qual é sua comida favorita?" ou "Qual é o seu livro preferido?". Essa atividade permite que todos se expressem e se envolvam desde o início.

Rodízio de ideias:

Ao invés de deixar uma ou duas pessoas dominarem a discussão, implemente uma técnica de rodízio de ideias. Cada participante terá a oportunidade de compartilhar uma ideia por vez, sem interrupções ou críticas. Essa abordagem garante que todos tenham voz e incentiva a participação equitativa.

Tempestade de ideias escrita:

Dê a cada participante uma folha de papel e peça que escrevam suas ideias individualmente por um determinado período de tempo. Isso permite que todos tenham tempo para refletir e gerar ideias individualmente, sem pressões externas. Após o tempo estipulado, todos podem compartilhar suas ideias em voz alta, promovendo mais discussões e colaboração entre os membros do grupo.

Cartões de ideias:

Outra técnica eficaz para estimular a participação é o uso de cartões de ideias. Distribua cartões para cada participante e peça que escrevam suas ideias em um cartão separado. Isso permite que as ideias sejam compartilhadas de forma anônima, o que pode encorajar os participantes mais tímidos a compartilharem suas sugestões. Em seguida, colete os cartões e leia em voz alta para iniciar a discussão.

Uso de facilitadores visuais:

Utilize facilitadores visuais, como quadros brancos ou flipcharts, para registrar as ideias durante a sessão de brainstorming. Isso permite que todos vejam as ideias sendo anotadas e, assim, se sintam mais envolvidos no processo. Além disso, a visualização das ideias facilita a geração de novas conexões e insights.

Perguntas abertas:

Faça perguntas abertas que estimulem o pensamento crítico e a participação ativa de todos. Perguntas que começam com "Por que", "Como" ou "O que você acha de" encorajam os participantes a pensar mais profundamente e contribuir com suas opiniões pessoais. Essas perguntas também ajudam a evitar respostas curtas e superficiais, promovendo uma discussão mais rica e participativa.

Durante um brainstorming, o papel do facilitador é incentivar a participação de todos os membros do grupo. Utilizando técnicas para estimular a participação, como quebra-gelo, rodízio de ideias, tempestade de ideias escrita, cartões de ideias, facilitadores visuais e perguntas abertas, você irá criar um ambiente colaborativo que permitirá a geração de ideias criativas e inovadoras de todos os participantes.

Gerenciamento do tempo

Uma das habilidades essenciais para o sucesso do processo de brainstorming é o gerenciamento eficiente do tempo. Vamos explorar algumas dicas práticas e métodos eficazes para garantir que as sessões de brainstorming sejam conduzidas com eficiência e produtividade.

1. Defina um cronograma claro e realista: Antes de iniciar qualquer sessão de brainstorming, é importante ter um cronograma claro e realista. Isso envolve estabelecer um tempo específico para cada etapa da sessão, desde a introdução do tópico até a discussão das ideias geradas. Ter um cronograma ajuda a manter o foco e evitar que a sessão se estenda desnecessariamente.

2. Estabeleça um limite de tempo para cada ideia: Durante o brainstorming, pode ser fácil se deixar levar por uma única ideia ou discussão, consumindo tempo valioso. Portanto, é recomendável estabelecer um limite de tempo para cada ideia antes de passar para a próxima.

Isso incentiva a criatividade e impede que a sessão fique estagnada em uma única direção.

3. Utilize métodos de votação rápidos: Em vez de gastar muito tempo discutindo e debatendo cada ideia gerada durante o brainstorming, você pode optar por utilizar métodos de votação rápidos, como o sistema de votação por pontos (cada participante recebe um número limitado de pontos para distribuir entre as ideias). Isso permite uma seleção mais rápida e objetiva das ideias mais promissoras.

4. Encoraje a participação ativa: Uma maneira de otimizar o tempo durante o brainstorming é garantir que todos os participantes estejam engajados e contribuindo ativamente. Estabeleça regras claras para garantir que todos tenham a oportunidade de expressar suas ideias e evite

que um único participante monopolize a discussão. Um facilitador eficaz pode gerenciar o tempo de forma a encorajar a participação de todos.

5. Estimule o pensamento rápido: Geralmente, a duração ideal de uma sessão de brainstorming varia de 30 a 60 minutos. Para evitar que a energia e a criatividade diminuam ao longo do tempo, é importante estimular o pensamento rápido. Use técnicas como o brainstorming relâmpago, onde todos os participantes precisam gerar o maior número possível de ideias em um curto período de tempo. Isso ajuda a manter o ritmo e a eficiência da sessão.

6. Evite distrações: Durante o brainstorming, é importante minimizar as distrações que podem consumir tempo precioso. Desligue os celulares ou coloque-os em modo silencioso, feche as janelas do computador que não são necessárias e avise os participantes que as interrupções devem ser evitadas ao máximo. Ficar focado no objetivo principal da sessão de brainstorming ajudará a economizar tempo e melhorar a produtividade.

7. Faça pausas estratégicas: Se a sessão de brainstorming está programada para ser longa, é recomendável fazer pausas estratégicas para garantir que os participantes possam descansar e recuperar a energia. Pausas curtas podem ser ótimas oportunidades para refrescar a mente e reconectar-se com as metas e objetivos da sessão.

Através da implementação dessas estratégias, você poderá otimizar o tempo durante o processo de brainstorming, garantindo que todas as ideias valiosas sejam consideradas e que a sessão seja produtiva. Lembre-se de adaptar essas dicas às necessidades específicas de cada grupo e tópico de brainstorming, para que você possa obter os melhores resultados possíveis.

Avaliação e Classificação de Ideias

Critérios de avaliação

Os critérios de avaliação são extremamente importantes no processo de avaliação e classificação de ideias. Eles ajudam a estabelecer parâmetros claros e objetivos para a análise e seleção das melhores ideias.

Existem diferentes critérios que podem ser utilizados, e é importante escolher aqueles que sejam relevantes e alinhados aos objetivos e necessidades do projeto ou empresa. A seguir, apresentaremos alguns critérios comuns que podem ser considerados durante a avaliação de ideias:

1. Originalidade: A originalidade é um critério fundamental para avaliar a qualidade de uma ideia. Ela se refere à capacidade da ideia de ser nova, inovadora e diferente das soluções já existentes no mercado ou no campo de estudo em questão. Quanto mais original e disruptiva for a ideia, maior a chance de ela ser considerada na seleção final.

2. Viabilidade técnica: A viabilidade técnica diz respeito à análise da possibilidade de implementação da ideia. É importante considerar se os recursos técnicos necessários estão disponíveis ou se é possível obtê-los, bem como se a ideia está dentro dos limites tecnológicos atuais. Uma ideia que não seja viável tecnicamente dificilmente poderá ser implementada, portanto esse critério é de extrema importância.

3. Viabilidade econômica: A viabilidade econômica é um critério que leva em consideração a análise dos custos envolvidos na implementação da ideia, bem como o potencial de retorno financeiro que ela pode gerar. É importante avaliar se a ideia é economicamente sustentável e se oferece benefícios em termos de ganhos financeiros ou redução de custos no longo prazo.

4. Relevância e adequação ao público-alvo: Um critério importante é analisar se a ideia é relevante e adequada ao público-alvo. É necessário considerar se a ideia atende às necessidades e desejos do público-alvo, bem como se ela se encaixa na estratégia e posicionamento da empresa. Uma ideia que seja alinhada com o público-alvo tem mais chances de sucesso e aceitação.

5. Potencial de mercado: O potencial de mercado refere-se à análise do tamanho e das oportunidades que o mercado oferece para a ideia. É importante avaliar se existe demanda e interesse dos consumidores pelo produto ou serviço proposto, bem como se existem concorrentes ou barreiras de entrada significativas. Uma ideia com um alto potencial de mercado tem mais chances de sucesso e crescimento.

É importante ressaltar que esses critérios de avaliação podem variar de acordo com o contexto e as necessidades específicas de cada projeto ou empresa. Por isso, é fundamental adaptá-los e personalizá-los para cada situação.

Lembre-se de realizar a avaliação das ideias de forma justa e imparcial, levando em consideração os critérios estabelecidos. É recomendado envolver uma equipe multidisciplinar na avaliação, para fornecer diferentes perspectivas e garantir uma análise mais completa e precisa.

Ao final do processo de avaliação, é importante comunicar os resultados de forma clara e transparente, fornecendo feedback aos participantes e explicando os motivos pelos quais determinadas ideias foram selecionadas ou descartadas.

Agora que você entende os critérios de avaliação, você está preparado para realizar uma avaliação e classificação eficiente das ideias recebidas, contribuindo para o sucesso e inovação do seu projeto ou empresa.

Classificação de ideias

A classificação de ideias é uma etapa fundamental no processo de avaliação e seleção das melhores propostas.

1. Compreendendo a importância da classificação de ideias

A classificação de ideias é essencial para identificar e priorizar as propostas mais promissoras. Ao analisar as ideias de forma estruturada, é possível identificar aquelas que possuem maior potencial de sucesso e alinhamento com os objetivos do projeto ou organização.

Definindo critérios de classificação

Antes de iniciar a classificação das ideias, é importante estabelecer critérios claros e objetivos. Esses critérios devem estar alinhados com os objetivos do projeto e as necessidades da organização. Alguns critérios comuns incluem viabilidade técnica, impacto, escalabilidade, originalidade e adequação ao público-alvo.

Realizando a classificação

Existem diferentes abordagens que podem ser utilizadas para classificar as ideias. Uma das mais comuns é utilizar uma escala de avaliação, onde cada critério é pontuado de acordo com sua relevância e desempenho. Outra abordagem é a utilização de métodos de comparação, onde as ideias são avaliadas em pares e comparadas entre si. É possível também utilizar uma matriz de classificação, onde cada critério é analisado separadamente e atribuída uma nota para cada ideia.

Organizando as ideias classificadas

Uma vez realizada a classificação das ideias, é importante organizar e documentar os resultados de forma clara e acessível. Isso facilitará a comunicação e o compartilhamento das informações com os envolvidos no processo de decisão.

Revisando a classificação

A classificação de ideias é um processo dinâmico, sujeito a revisões e ajustes conforme novas informações e perspectivas surgem. É importante estar aberto a reavaliar as ideias classificadas e atualizar a classificação conforme necessário.

Seleção das melhores ideias

Na avaliação e classificação de ideias, é essencial realizar uma seleção criteriosa das melhores propostas. Essa etapa é crucial para identificar quais ideias têm potencial para serem desenvolvidas e implementadas de forma eficiente.

Definir critérios de seleção:

Antes de iniciar o processo de seleção, é importante estabelecer critérios claros e objetivos. Esses critérios podem variar de acordo com as necessidades e objetivos específicos do projeto, mas é recomendado considerar fatores como viabilidade técnica, potencial de mercado, alinhamento com a estratégia da organização, impacto financeiro, entre outros.

Análise individual das ideias:

Avalie cada ideia de forma individual, levando em consideração os critérios estabelecidos. É útil criar uma matriz ou uma tabela para registrar as avaliações de cada ideia. Considere cada aspecto relevante e atribua uma pontuação ou classificação apropriada. Isso ajudará a comparar e visualizar as diferenças entre as propostas.

Análise comparativa:

Após a análise individual das ideias, é hora de fazer uma análise comparativa. Compare as diferentes propostas, considerando suas pontuações ou classificações. Identifique as ideias que se destacam positivamente em relação aos critérios estabelecidos. Isso auxiliará na identificação das melhores ideias.

Discussões em grupo:

Um aspecto importante da seleção das melhores ideias é a discussão em grupo. Reúna uma equipe de pessoas envolvidas no processo de avaliação e classificação de ideias para compartilhar opiniões e perspectivas. A discussão em grupo permite explorar diferentes pontos de vista, identificar possíveis problemas e tomar decisões de forma mais colaborativa.

Priorização das ideias selecionadas:

Após as discussões em grupo, é hora de priorizar as ideias selecionadas. Considere fatores como urgência, impacto e viabilidade para determinar a ordem de implementação das ideias. Defina quais ideias serão realizadas primeiro e planeje os passos necessários para colocá-las em prática.

Acompanhamento e revisão:

Lembre-se de que o processo de seleção das melhores ideias é dinâmico e sujeito a ajustes. Acompanhe a implementação das ideias selecionadas, avalie sua eficácia e revise o processo de seleção, se necessário. Aprendizado contínuo é essencial para aprimorar o processo de avaliação e classificação de ideias.

Selecionar as melhores ideias dentro do contexto da avaliação e classificação de ideias é um processo fundamental para garantir o sucesso e a viabilidade dos projetos. Ao estabelecer critérios claros, realizar análises individuais e comparativas, promover discussões em grupo e priorizar as ideias selecionadas de forma adequada, é possível identificar as propostas mais promissoras. Lembre-se de acompanhar e revisar o processo ao longo do tempo, garantindo a melhoria contínua do processo de seleção das melhores ideias.

Implementação de Ideias

Elaboração de um plano de ação

Um plano de ação é uma ferramenta essencial para a implementação eficiente de ideias. Ele fornece um roteiro detalhado sobre como alcançar os objetivos desejados e definir as etapas necessárias para isso.

Passo 1: Identificação dos Objetivos

O primeiro passo para elaborar um plano de ação é identificar claramente os objetivos que você deseja alcançar. Pergunte a si mesmo: qual é o resultado final que você pretende obter com a implementação desta ideia? Ao ser específico e detalhado na definição dos objetivos, você terá uma base sólida para construir o restante do plano.

Passo 2: Análise da Situação Atual

Antes de prosseguir, é importante entender a situação atual em relação à implementação da ideia. Faça uma análise completa da situação, identifique as forças e fraquezas internas, bem como as oportunidades e ameaças externas. Isso ajudará a moldar seu plano de ação de acordo com a realidade.

Passo 3: Definição das Etapas

Com os objetivos e a análise da situação em mãos, é hora de começar a definir as etapas necessárias para alcançar esses objetivos. Divida o processo em tarefas menores e específicas, que possam ser facilmente compreendidas e executadas. Certifique-se de definir uma ordem lógica para as etapas e estabelecer prazos realistas para cada uma delas.

Passo 4: Atribuição de Responsabilidades

Em seguida, é necessário determinar quem será responsável por cada etapa do plano de ação. Defina claramente as responsabilidades de cada membro da equipe, destacando as tarefas que eles serão responsáveis por realizar. Isso ajudará a garantir que todas as partes interessadas estejam cientes de suas funções e possam trabalhar em conjunto de forma eficiente.

Passo 5: Implementação do Plano

Com todas as etapas e responsabilidades definidas, é hora de implementar o plano de ação. Comece colocando as tarefas em prática, acompanhando o progresso de cada etapa e ajustando o plano conforme necessário. Mantenha a comunicação aberta com todos os envolvidos, coordenando esforços e garantindo que os prazos sejam cumpridos.

Passo 6: Monitoramento e Avaliação

Ao implementar o plano de ação, é fundamental monitorar o progresso e avaliar os resultados obtidos. Regularmente revise o desempenho em relação aos objetivos definidos e faça ajustes quando necessário. A coleta de feedback e a análise dos resultados permitirão que você faça melhorias contínuas e obtenha sucesso na implementação de suas ideias.

Passo 7: Registro e Documentação

Por fim, certifique-se de documentar todas as etapas do plano de ação, bem como seus resultados. Isso servirá como um registro valioso para futuras referências e ajudará na definição de estratégias em projetos semelhantes. Anote tudo o que foi aprendido ao longo do processo e destaque as melhores práticas que podem ser replicadas no futuro.

Elaborar um plano de ação é essencial para a implementação eficaz de ideias.

Definição de responsabilidades

A implementação de ideias requer uma definição clara e estruturada de responsabilidades. Quando se trata de implementar ideias, é crucial que cada membro da equipe saiba exatamente quais são suas responsabilidades e como elas se encaixam no processo geral.

Passo 1: Identificar os principais objetivos

Antes de começar a definir as responsabilidades, é essencial identificar os principais objetivos da implementação da ideia. Esses objetivos devem ser claros, específicos e mensuráveis. Eles servirão como base para a definição de responsabilidades.

Passo 2: Analisar as habilidades e competências

Uma vez que os objetivos tenham sido identificados, é importante analisar as habilidades e competências de cada membro da equipe. Isso ajudará a determinar quais responsabilidades são mais adequadas para cada indivíduo.

Passo 3: Dividir as tarefas

Com base na análise das habilidades e competências, divida as tarefas relacionadas à implementação da ideia entre os membros da equipe. Certifique-se de que cada tarefa seja atribuída a alguém que possua as habilidades necessárias para concluí-la com sucesso.

Passo 4: Definir prazos

Além de atribuir tarefas, também é importante definir prazos. Isso garantirá que cada responsabilidade seja concluída dentro do tempo estipulado. Certifique-se de comunicar claramente os prazos para todos os membros da equipe.

Passo 5: Estabelecer canais de comunicação

Um elemento crucial na definição de responsabilidades é estabelecer canais de comunicação eficazes. Garanta que todos os membros da equipe estejam cientes de quem são os responsáveis por cada tarefa e estabeleça um sistema de comunicação claro para que eles possam se comunicar e colaborar facilmente.

Passo 6: Monitorar o progresso

A definição de responsabilidades não termina após a atribuição das tarefas. É fundamental que o progresso seja monitorado regularmente para garantir que tudo esteja avançando conforme o planejado. Realize reuniões periódicas para acompanhar o progresso de cada responsabilidade e ajustar, se necessário.

Passo 7: Apoiar e motivar a equipe

Durante todo o processo de implementação da ideia, é importante apoiar e motivar a equipe. Reconheça o trabalho árduo e os sucessos alcançados por cada membro da equipe. Isso ajudará a manter o engajamento e o comprometimento com as responsabilidades atribuídas.

A definição de responsabilidades desempenha um papel fundamental na implementação de ideias. Ao seguir este guia passo a passo, você poderá garantir que cada membro da equipe saiba exatamente o que é esperado deles e como contribuir para o sucesso do projeto. Lembre-se de que a comunicação clara, o apoio mútuo e o monitoramento regular são elementos essenciais para uma implementação bem-sucedida das ideias.

Execução das ideias selecionadas

Depois de passar pelo processo de implementação de ideias, é hora de avançar para a etapa de execução. Nesta fase, as ideias selecionadas serão colocadas em prática e transformadas em ações concretas.

Comunicação clara:

Assegure-se de que todas as pessoas envolvidas no projeto compreendam claramente as ideias selecionadas e as ações a serem tomadas. Uma comunicação clara é essencial para garantir que todos estejam alinhados e trabalhando em direção ao mesmo objetivo.

Definição de prazos:

É importante estabelecer prazos específicos para cada etapa da execução. Isso ajudará a manter o foco e a criar um senso de urgência. Certifique-se de que os prazos definidos sejam realistas e alcançáveis.

Alocação de recursos:

Garanta que todos os recursos necessários estejam disponíveis para implementar as ideias selecionadas. Isto pode incluir recursos financeiros, tecnológicos ou humanos. Certifique-se de que haja uma alocação adequada de recursos para cada tarefa.

Delegação de responsabilidades:

Distribua as responsabilidades entre as pessoas envolvidas no projeto. Identifique quem será responsável por cada tarefa e certifique-se de que todas as metas e objetivos sejam atribuídos a alguém. Isso ajudará a garantir que todas as ações sejam realizadas e completadas dentro do prazo.

Acompanhamento e monitoramento:

Monitore constantemente o progresso da execução das ideias selecionadas. Faça ajustes, se necessário, para garantir que tudo esteja ocorrendo conforme o planejado. Mantenha-se atualizado sobre os marcos alcançados e mantenha a equipe informada sobre os resultados.

Avaliação e feedback:

Realize avaliações periódicas para avaliar o progresso e solicite feedback de todas as partes envolvidas. Isso ajudará a identificar problemas ou obstáculos que possam surgir durante a

execução e permitirá que você tome medidas corretivas.

Aprenda com os erros:

Esteja preparado para enfrentar desafios e aprender com os erros que possam ocorrer durante a execução. Encare-os como oportunidades de aprendizado e melhoria contínua.

Lembre-se de que a execução de ideias é um processo dinâmico e que exige flexibilidade. Esteja aberto a mudanças e adaptações conforme necessário. Ao seguir essas etapas, você estará bem encaminhado para uma execução bem-sucedida das ideias selecionadas e, assim, alcançar os objetivos propostos.

Boa sorte na execução de suas ideias selecionadas!

BENCHMARKING

Introdução ao benchmarking

O que é benchmarking

O benchmarking é um processo de comparação e análise das práticas e resultados de uma empresa com relação às melhores práticas no mercado. Ele tem como objetivo identificar oportunidades de melhoria e estabelecer metas de desempenho através do aprendizado com outras organizações de sucesso.

Através do benchmarking, uma empresa pode identificar lacunas de desempenho e adotar as melhores práticas utilizadas por outras empresas líderes do setor. Isso pode incluir áreas como eficiência operacional, qualidade do produto, satisfação do cliente, gestão de projetos, estratégias de marketing, entre outros.

Existem diferentes tipos de benchmarking, que são:

1. Benchmarking interno: Comparações realizadas dentro da própria empresa, entre diferentes departamentos ou unidades de negócio, com o objetivo de identificar as melhores práticas utilizadas internamente.

2. Benchmarking competitivo: Comparações feitas com empresas concorrentes diretas, a fim de identificar suas melhores práticas e buscar maneiras de superar a concorrência.

3. Benchmarking funcional: Comparações realizadas com empresas que não são do mesmo setor, mas que possuem funções semelhantes, a fim de trazer novas perspectivas e ideias inovadoras.

4. Benchmarking genérico: Comparações realizadas com empresas líderes de outros setores, com o objetivo de trazer ideias completamente novas e inovadoras para a organização.

A seguir, vamos explorar os passos para a realização de um processo de benchmarking:

5. Identifique o objetivo do benchmarking: Defina claramente qual é o objetivo do processo, como melhorar a qualidade do produto, reduzir custos, aumentar a eficiência operacional, entre outros.

6. Identifique os concorrentes ou empresas a serem analisadas: Selecione as empresas que serão usadas como referência para o benchmarking, levando em consideração suas boas práticas e resultados.

7. Coleta de informações: Realize uma pesquisa abrangente sobre as práticas das empresas selecionadas. Isso pode incluir análise de relatórios, visitas a fábricas, participação em eventos do setor, entrevistas com funcionários, entre outros. Documente todas as informações relevantes.

8. Análise das informações coletadas: Compare as práticas e resultados da sua empresa com as das empresas benchmark. Identifique as diferenças e onde há espaço para melhoria.

9. Defina metas SMART: Com base nas boas práticas identificadas, estabeleça metas específicas, mensuráveis, atingíveis, relevantes e com prazo definido para melhorar o desempenho da sua empresa.

10. Implemente as melhorias identificadas: Desenvolva um plano de ação e implemente as melhorias identificadas durante a análise das informações. Isso pode envolver a reestruturação de processos, treinamento de funcionários, adoção de novas tecnologias, entre outros.

11. Acompanhe e avalie o progresso: Monitore o progresso das melhorias implementadas e avalia se as metas estabelecidas estão sendo alcançadas. Faça ajustes conforme necessário.

Lembre-se de que o benchmarking é um processo contínuo e pode ser repetido regularmente para manter a empresa atualizada com as melhores práticas do mercado. Ao realizar o benchmarking, é importante manter a confidencialidade das informações obtidas, respeitando os direitos autorais e a propriedade intelectual das outras empresas.

É fundamental ressaltar que o benchmarking não se trata de uma imitação cega das práticas de outras empresas, mas sim de um aprendizado e adaptação dessas práticas para o contexto da sua própria organização. O objetivo é melhorar continuamente e se manter competitivo no mercado.

Portanto, o benchmarking é uma poderosa ferramenta de gestão que pode ajudar sua empresa a alcançar melhores resultados, aprendendo com as melhores práticas de outras organizações líderes. Ao implementar um processo de benchmarking eficaz, você estará equipando sua empresa com conhecimentos valiosos para estabelecer metas mais realistas, tomar decisões mais assertivas e melhorar seu desempenho como um todo, obtendo uma vantagem competitiva no mercado.

História do benchmarking

O benchmarking é uma prática empresarial que tem como objetivo melhorar o desempenho e a eficiência de uma organização, através da comparação de processos, produtos e serviços com outras empresas ou organizações de destaque em determinado setor. O benchmarking é uma ferramenta valiosa para identificar boas práticas e aprender com as experiências de outras empresas, permitindo o estabelecimento de metas mais realistas e a implementação de melhorias contínuas.

A história do benchmarking remonta ao final do século XX, quando algumas empresas pioneiras começaram a perceber a importância de aprender com os sucessos e fracassos de seus concorrentes. O termo "benchmarking" foi utilizado pela primeira vez por Xerox, no início da década de 1980, quando a empresa enfrentava dificuldades e buscava formas de melhorar sua produtividade.

Antes do termo ser cunhado, no entanto, outras empresas já praticavam algo semelhante. A história do benchmarking remonta ao início do século XX, quando Henry Ford revolucionou a indústria automobilística com o seu sistema de produção em massa. Ford visitou as usinas de Chicago, que eram referência em práticas de produção eficientes, e utilizou o conhecimento adquirido para melhorar os processos em sua própria fábrica.

Outro marco importante na história do benchmarking foi a implementação do sistema de produção Toyota, conhecido como "Toyota Production System" ou TPS. Esse sistema, desenvolvido após a Segunda Guerra Mundial, focava na melhoria contínua e no envolvimento de todos os colaboradores da empresa. O TPS tornou-se uma referência mundial em gestão da qualidade e influenciou muitas empresas ao redor do mundo.

Com o passar dos anos, o benchmarking tornou-se uma abordagem amplamente adotada por empresas de diversos setores. A prática evoluiu e expandiu-se para além da comparação de processos, produtos e serviços. Hoje, o benchmarking abrange áreas como marketing, atendimento ao cliente, gestão de pessoas, inovação, sustentabilidade e muito mais.

O benchmarking pode ser realizado de diferentes maneiras, dependendo do objetivo e área de atuação da empresa. As principais formas de benchmarking incluem o benchmarking interno, que compara processos dentro da própria empresa; benchmarking competitivo, que analisa a concorrência direta; benchmarking funcional ou genérico, que olha para empresas de diferentes setores, mas que possuem práticas relevantes; e benchmarking estratégico, que envolve a busca por empresas de classe mundial para identificar as melhores práticas em um determinado campo de interesse.

Em resumo, a história do benchmarking é marcada pelo desejo constante de melhorar e aprender com as experiências de outras empresas. Através do benchmarking, as organizações podem identificar oportunidades de melhoria, estabelecer metas mais ambiciosas e implementar práticas inovadoras. Essa abordagem de aprendizado contínuo tem se mostrado essencial para empresas que desejam se manter competitivas e alcançar o sucesso em um mercado em constante evolução.

Importância do benchmarking

O benchmarking é uma ferramenta importante para as empresas que desejam melhorar seu desempenho e alcançar a excelência em seus produtos e serviços.

1. Identificação de melhores práticas:

O benchmarking permite que as empresas identifiquem as melhores práticas da indústria em que atuam. Ao compararem seu desempenho com o das principais concorrentes, as empresas podem identificar lacunas em seus processos e implementar melhorias baseadas em exemplos de sucesso.

Aumento da eficiência:

Por meio do benchmarking, as empresas podem identificar oportunidades para melhorar sua eficiência operacional. Ao analisarem as práticas de empresas líderes no mercado, elas podem adotar processos mais eficientes, reduzir custos e aumentar a produtividade.

Identificação de tendências:

O benchmarking também permite que as empresas identifiquem as tendências de mercado e as expectativas dos clientes. Ao analisarem empresas que estão à frente da concorrência, as empresas podem antecipar mudanças e adaptar-se às demandas do mercado de forma mais precisa.

Melhoria na qualidade dos produtos e serviços:

Ao compararem seus produtos e serviços com os da concorrência, as empresas podem identificar oportunidades para melhorar sua qualidade. O benchmarking ajuda as empresas a entenderem as preferências dos clientes e aprimorarem seus produtos e serviços para atender melhor às suas necessidades.

Aprendizado contínuo:

O benchmarking promove o aprendizado contínuo dentro das organizações. Ao buscar externamente por melhores práticas, as empresas podem incentivar seus funcionários a adquirir novas habilidades e conhecimentos. O compartilhamento de informações e a busca por inovação tornam-se parte da cultura organizacional.

6. Vantagem competitiva:

O benchmarking oferece às empresas uma vantagem competitiva. Ao adotarem as melhores práticas identificadas pelo benchmarking, as empresas podem diferenciar-se da concorrência e atrair mais clientes. A implementação de melhorias contínuas também permite que as empresas se mantenham relevantes e competitivas no mercado.

7. Monitoramento do desempenho:

Por fim, o benchmarking permite que as empresas monitorem seu próprio desempenho ao longo do tempo. Ao compararem-se com empresas líderes, as empresas podem medir sua evolução e avaliar se estão alcançando seus objetivos. O benchmarking desempenha um papel fundamental no sucesso das empresas. Ao identificar melhores práticas, aumentar a eficiência, identificar tendências, aprimorar a qualidade, promover o aprendizado contínuo, obter vantagem competitiva e monitorar o desempenho, as empresas podem se posicionar de forma mais sólida no mercado. Portanto, é essencial que as empresas adotem o benchmarking como uma prática constante e sistemática.

Tipos de benchmarking

Benchmarking interno

Benchmarking interno é uma técnica utilizada para comparar e analisar processos e desempenho dentro de uma mesma empresa. Iremos explorar os diferentes tipos de benchmarking relacionados a essa prática.

Benchmarking interno

1.1 Definição e conceito

O benchmarking interno envolve a comparação de processos e práticas de uma organização em diferentes departamentos ou unidades. O objetivo é identificar áreas de melhoria, compartilhar boas práticas e promover o aprendizado interno.

1.2 Vantagens do benchmarking interno

Ao realizar o benchmarking interno, as empresas podem obter várias vantagens, tais como:

Identificação de melhores práticas internas;

Melhoria contínua dos processos;

Aumento da eficiência e produtividade;

Compartilhamento de conhecimento entre os departamentos;
Fomento à inovação e mudança organizacional.

1.3 Etapas do benchmarking interno

Para realizar o benchmarking interno de forma eficaz, é necessário seguir algumas etapas:

Identificação dos processos a serem comparados: Escolha os processos críticos e estratégicos da empresa que serão avaliados.

Coleta de dados e informações: Recolha dados quantitativos e qualitativos relacionados aos processos em análise.

Análise dos dados: Compare os dados coletados e identifique diferenças e oportunidades de melhoria.

Identificação de melhores práticas: Identifique as melhores práticas internas para serem compartilhadas em toda a organização.

Implementação de melhorias: Implemente as melhorias identificadas e monitore seus impactos.

O benchmarking interno é uma estratégia valiosa para empresas que desejam melhorar seus processos e desempenho. Ao comparar e compartilhar práticas internas, as empresas podem impulsionar a inovação, aumentar a produtividade e atingir a excelência operacional. Agora que você está familiarizado com o benchmarking interno, está pronto para aplicar essa técnica em sua própria organização.

Benchmarking competitivo

O benchmarking competitivo é uma técnica que permite comparar o desempenho de uma organização com seus concorrentes diretos, a fim de identificar melhores práticas e melhorias possíveis. Exploraremos os princípios básicos do benchmarking competitivo e forneceremos algumas dicas úteis para implementá-lo efetivamente.

1. Definição de benchmarking competitivo:

O que é benchmarking competitivo?

Por que é importante implementar o benchmarking competitivo nas organizações?

2. Preparação para o benchmarking competitivo:

Identificação dos concorrentes diretos relevantes.

Coleta de informações sobre os concorrentes selecionados.

Definição dos indicadores de desempenho a serem comparados.

3. Processo de benchmarking competitivo:

Estabelecimento de metas claras e objetivas.

Coleta de dados sobre o desempenho dos concorrentes.

Análise comparativa dos dados coletados.

Identificação das melhores práticas e diferenças de desempenho.

Desenvolvimento de um plano de ação para melhorar o desempenho.

4. Benefícios do benchmarking competitivo:

Identificação de oportunidades de melhoria.

Adoção de melhores práticas da concorrência.

Estabelecimento de metas realistas e alcançáveis.

Aumento da competitividade no mercado.

Melhoria contínua do desempenho organizacional.

5. Limitações do benchmarking competitivo:

Dificuldades na obtenção de informações precisas.

Variação nos resultados devido a diferenças contextuais.

Resistência interna à mudança.

6. Dicas para uma implementação bem-sucedida do benchmarking competitivo:

Envolva todos os principais departamentos e stakeholders da organização.

Estabeleça uma cultura de colaboração e aprendizado contínuo.

Avalie a viabilidade e relevância das melhores práticas identificadas.

Monitore e avalie regularmente o progresso e os resultados obtidos.

Lembre-se de que o benchmarking competitivo precisa ser adaptado às necessidades e características específicas de cada organização. Ao realizar um benchmarking competitivo adequado, as empresas podem obter uma vantagem competitiva significativa.

Benchmarking funcional

O benchmarking funcional, em particular, concentra-se em comparar e analisar o desempenho de processos funcionais específicos dentro de uma organização. Vamos explorar o processo de benchmarking funcional passo a passo e como ele pode ser aplicado para melhorar a eficiência e a eficácia das operações.

1. Identificar o processo funcional a ser analisado:

- Antes de iniciar o benchmarking funcional, é fundamental identificar o processo funcional específico que será objeto de análise. Isso pode incluir atividades como atendimento ao cliente, logística, produção, vendas, entre outros. Selecione um processo que seja relevante para sua empresa e que possa trazer melhorias significativas.

2. Definir os critérios de referência:

- Decida quais critérios serão utilizados para comparar seu processo funcional com os concorrentes ou as melhores práticas da indústria. Esses critérios podem incluir indicadores de desempenho, como tempo de ciclo, qualidade, custo, satisfação do cliente, entre outros.

Certifique-se de que os critérios sejam relevantes e mensuráveis para facilitar a comparação.

3. Pesquisar as melhores práticas:

- Realize uma pesquisa detalhada para identificar as melhores práticas da indústria ou as empresas referência no processo funcional que você está benchmarking. Procure por organizações que são conhecidas por terem um desempenho excepcional nessa área e que são relevantes para o seu setor. Analise suas abordagens, estratégias e processos para identificar oportunidades de melhoria.

4. Coletar dados e informações:

- Nesta etapa, colete dados e informações sobre o seu processo funcional e também sobre as empresas ou práticas de referência. Isso pode envolver a análise de relatórios internos, estatísticas, entrevistas, visitas a concorrentes ou a participação em grupos de benchmarking. Quanto mais informações você coletar, mais embasada será a comparação.

5. Analisar os dados e identificar as lacunas:

- Com os dados coletados em mãos, analise-os cuidadosamente para identificar as diferenças entre o seu processo funcional e os de referência. Identifique as lacunas ou áreas de melhoria onde sua organização está abaixo do desempenho desejado. Isso pode incluir identificar práticas ineficientes, lacunas de desempenho ou oportunidades perdidas.

6. Desenvolver um plano de ação:

- Com as lacunas identificadas, desenvolva um plano de ação detalhado para melhorar o desempenho do seu processo funcional. Estabeleça metas claras e acionáveis, defina as tarefas necessárias, aloque recursos adequados e estabeleça prazos realistas. Envolva as partes interessadas relevantes para garantir o alinhamento e o compromisso com o plano de ação.

7. Implementar e monitorar o plano de ação:

- Coloque o plano de ação em prática e acompanhe de perto a implementação das melhorias. Monitore regularmente os indicadores de desempenho para avaliar a eficácia do plano e faça ajustes necessários ao longo do tempo. Certifique-se de envolver as pessoas responsáveis para garantir a implementação adequada e sustentável das melhorias identificadas.

8. Compartilhar os resultados e promover a aprendizagem:

- Ao finalizar o processo de benchmarking funcional, compartilhe os resultados obtidos e promova a aprendizagem dentro da organização. Destaque as melhorias alcançadas, as práticas adotadas e as lições aprendidas ao longo do processo. Isso criará um ambiente de aprendizado contínuo e incentivar a busca por excelência em todos os processos funcionais da empresa.

Lembre-se de que o benchmarking funcional é um processo contínuo e dinâmico. As melhores práticas e o desempenho das empresas de referência estão em constante evolução, portanto, é essencial manter-se atualizado e ajustar continuamente seus processos para manter a vantagem competitiva.

Use esse conhecimento para identificar e implementar melhorias significativas em seus processos funcionais, alinhando-se assim com as melhores práticas.

Benchmarking genérico

O benchmarking genérico é uma abordagem ampla e flexível para comparar o desempenho de uma organização com outras empresas ou setores.

Identifique sua necessidade de benchmarking

Antes de começar o processo de benchmarking genérico, é importante identificar a área específica que você deseja melhorar. Pode ser qualquer coisa, desde a eficiência operacional até a experiência do cliente.

Pesquisa de benchmarks

A próxima etapa é pesquisar as melhores práticas e os padrões do setor para a área que você deseja melhorar. Isso pode ser feito através de pesquisas na internet, leitura de relatórios setoriais ou participação em conferências e grupos de benchmarking.

Selecione empresas de referência

Depois de ter uma compreensão clara das melhores práticas, é hora de selecionar as empresas de referência. Essas empresas devem ser líderes em sua área de foco e podem estar em seu setor ou em outros. Certifique-se de escolher uma variedade de empresas para obter uma visão completa das melhores práticas.

Coleta de dados

Uma vez selecionadas as empresas de referência, você precisará coletar dados relevantes sobre suas práticas e desempenho. Isso pode envolver entrevistas, questionários ou análise de relatórios e dados públicos. Certifique-se de obter permissão das empresas envolvidas antes de coletar seus dados.

Análise e comparação

Com os dados coletados, você pode começar a analisar e comparar o desempenho de sua organização com as empresas de referência. Identifique lacunas e áreas de melhoria, destacando as práticas específicas que podem ser implementadas em sua organização.

Desenvolva um plano de ação

Com base na análise e comparação, desenvolva um plano de ação claro e detalhado para implementar as práticas identificadas. Certifique-se de envolver as partes interessadas relevantes em todo o processo e definir metas mensuráveis para acompanhar o progresso.

Implementação e monitoramento

Uma vez que o plano de ação tenha sido desenvolvido, é hora de implementá-lo e monitorar seu progresso. Certifique-se de acompanhar regularmente o desempenho de sua organização em relação aos benchmarks definidos e faça ajustes no plano, se necessário.

O benchmarking genérico é uma poderosa ferramenta que pode ajudar sua organização a identificar melhores práticas e melhorar seu desempenho. Ao seguir estes passos, você estará bem encaminhado para implementar com sucesso o benchmarking genérico em sua organização.

Lembre-se de que o benchmarking genérico é apenas um dos tipos de benchmarking disponíveis. Certifique-se de explorar outras abordagens, como o benchmarking interno, competitivo, funcional e colaborativo.

Benchmarking colaborativo

Benchmarking colaborativo é um tipo de benchmarking que se concentra no compartilhamento de informações e práticas entre organizações com objetivos semelhantes. Ele envolve o estabelecimento de parcerias colaborativas para melhorar o desempenho, compartilhar melhores práticas e aprender com o sucesso de outras empresas.

Existem vários tipos de benchmarking aos quais as organizações podem recorrer para avaliar seu desempenho em relação aos concorrentes e identificar oportunidades de melhoria. Estaremos nos concentrando nos diferentes tipos de benchmarking em relação ao benchmarking colaborativo.

Benchmarking Colaborativo:

O benchmarking colaborativo é uma abordagem em que as organizações trabalham juntas para compartilhar informações, conhecimento e melhores práticas para melhorar o desempenho geral. Ao contrário de outros tipos de benchmarking, o benchmarking colaborativo envolve uma troca mútua de informações e a colaboração entre as organizações envolvidas.

Benefícios do Benchmarking Colaborativo:

O benchmarking colaborativo traz uma série de benefícios para as organizações participantes. Alguns dos principais benefícios incluem:

1. Acesso a informações e conhecimentos compartilhados: Ao trabalhar em conjunto, as organizações podem ter acesso a informações e conhecimentos valiosos que podem ajudá-las a melhorar seu desempenho. Isso inclui o compartilhamento de dados, melhores práticas, estratégias de sucesso e lições aprendidas.

2. Identificação de áreas de melhoria: Ao comparar seus processos e resultados com os de outros participantes, as organizações podem identificar áreas de melhoria. Isso pode ser especialmente útil quando se trata de otimizar processos, reduzir custos ou melhorar a eficiência operacional.

3. Networking e criação de parcerias: O benchmarking colaborativo proporciona uma oportunidade para as organizações se conectarem umas com as outras e construírem relacionamentos de longo prazo. Isso pode levar a parcerias estratégicas, colaborações e o compartilhamento contínuo de conhecimentos.

4. Inovação e aprendizado contínuo: Ao trabalhar em conjunto, as organizações podem estimular a inovação e o aprendizado contínuo. Elas podem se inspirar nas práticas de sucesso de outras organizações e aplicar essas ideias em seu próprio contexto.

Como conduzir o Benchmarking Colaborativo:

Para conduzir o benchmarking colaborativo, é essencial seguir alguns passos importantes. Aqui está uma visão geral do processo:

Identificar parceiros potenciais: Comece identificando outras organizações com objetivos semelhantes aos seus. Procure por aquelas que estão dispostas a colaborar e compartilhar informações.

Estabelecer acordos de confidencialidade: Antes de compartilhar informações confidenciais, é importante estabelecer acordos de confidencialidade com os parceiros. Isso garantirá que todas as informações compartilhadas sejam tratadas com segurança.

Definir seu objetivo: Determine claramente o objetivo do benchmarking colaborativo. Defina o que você deseja alcançar e o que deseja aprender com os parceiros.

Coletar informações: Comece coletando informações relevantes sobre as melhores práticas, processos e resultados das organizações parceiras. Isso pode incluir visitas, entrevistas, questionários e análise de dados.

Analisar e comparar os dados: Analise as informações coletadas e compare-as com os seus próprios dados e desempenho. Identifique diferenças e áreas de melhoria.

Desenvolver um plano de ação: Com base nas descobertas do benchmarking colaborativo, desenvolva um plano de ação para implementar mudanças e melhorias em sua organização. Defina metas claras e estabeleça um cronograma para monitorar o progresso.

Implementar mudanças: Implemente as mudanças recomendadas em sua organização. Monitore e avalie regularmente os resultados alcançados.

Compartilhar lições aprendidas: Ao final do processo, compartilhe as lições aprendidas com os parceiros e outras partes interessadas. Isso contribuirá para o aprendizado contínuo e o aprimoramento mútuo.

O benchmarking colaborativo é uma abordagem valiosa para melhorar o desempenho das organizações. Ao trabalhar em conjunto e compartilhar conhecimentos, as empresas podem obter insights valiosos, identificar áreas de melhoria e alcançar resultados superiores. Lembre-se de estabelecer parcerias estratégicas, definir metas claras e manter a confidencialidade das informações compartilhadas. O benchmarking colaborativo pode ser uma ferramenta poderosa para impulsionar a excelência operacional e a inovação.

Benchmarking de processos

O benchmarking de processos é uma técnica de gestão que permite comparar e analisar os processos de uma organização com os de outras empresas consideradas referência no mercado. Essa prática tem como objetivo identificar as melhores práticas e oportunidades de melhoria, visando a otimização dos processos internos e a obtenção de vantagens competitivas.

Para realizar o benchmarking de processos, é necessário utilizar algumas ferramentas específicas que auxiliam no levantamento e análise dos dados.

Fluxograma: O primeiro passo para realizar um benchmarking de processos é mapear e descrever detalhadamente as etapas do processo em estudo. Para isso, uma ferramenta muito útil é o fluxograma. Procure representar visualmente o fluxo de atividades, identificando os pontos críticos, gargalos e possíveis oportunidades de melhoria.

Diagrama de Ishikawa: Essa ferramenta é utilizada para identificar as causas raiz de problemas ou lacunas identificadas nos processos. O diagrama de Ishikawa, também conhecido como diagrama de causa e efeito, permite analisar o processo de forma estruturada, relacionando as possíveis causas aos efeitos observados. Utilize essa ferramenta para identificar as principais causas que podem estar impactando negativamente o seu processo.

Análise SWOT: A análise SWOT é uma ferramenta de gestão muito utilizada para avaliar o ambiente interno e externo de uma organização. Nesse contexto, pode ser aplicada ao benchmarking de processos para identificar as forças, fraquezas, oportunidades e ameaças relacionadas aos processos internos em comparação com os das empresas referência. Essa análise ajuda a identificar quais são os pontos fortes e os pontos a serem melhorados nos processos estudados.

Ciclo PDCA: O ciclo PDCA (Plan, Do, Check, Act) é uma ferramenta de gestão que visa a melhoria contínua dos processos. Essa metodologia pode ser aplicada no benchmarking de processos para planejar, executar, verificar e agir com base nos resultados obtidos. Utilize o ciclo PDCA para definir as ações a serem implementadas com base nas melhores práticas identificadas e acompanhar a evolução dos indicadores de desempenho.

Matriz GUT: A matriz GUT é uma ferramenta utilizada para priorizar problemas ou oportunidades de melhoria com base em três critérios: Gravidade, Urgência e Tendência. Após identificar as lacunas em relação aos processos referência, utilize essa matriz para priorizar as ações de melhoria, considerando a importância de cada problema ou oportunidade identificada.

Essas são algumas das principais ferramentas de benchmarking de processos que podem ser utilizadas para analisar e otimizar os processos de uma organização. Vale ressaltar que é importante adaptar essas ferramentas de acordo com a realidade e necessidades específicas da sua empresa.

Ao utilizar as ferramentas mencionadas, você poderá identificar oportunidades de melhoria, implementar as melhores práticas observadas em outras empresas e alcançar uma maior eficiência operacional. Lembre-se de que o benchmarking de processos é uma prática contínua, que envolve análise, aprendizado e adaptação constante.

Benchmarking de produtos

A prática do benchmarking é amplamente utilizada pelas empresas para melhorar seu desempenho e ganhar vantagem competitiva. O benchmarking de produtos é uma forma específica de benchmarking em que uma empresa compara e avalia seus produtos em relação aos produtos de seus concorrentes. Isso permite que a empresa identifique oportunidades de melhoria, desenvolva estratégias de marketing mais eficientes e aprimore seus produtos para atender às necessidades do mercado.

Vamos explorar as principais ferramentas e técnicas envolvidas no benchmarking de produtos e como elas podem ser aplicadas para impulsionar o sucesso do negócio.

1. Definindo os Objetivos:

- Antes de iniciar o benchmarking de produtos, é fundamental estabelecer claramente os objetivos que você deseja alcançar. Isso pode incluir melhorar a qualidade do produto, reduzir custos de produção, aumentar a participação de mercado, entre outros. Ao ter objetivos bem definidos, você terá um direcionamento claro no processo de benchmarking.

2. Selecionando os Competidores Estratégicos:

- Identifique quais são as empresas concorrentes que você deseja utilizar como base de comparação. Eles devem ser empresas com produtos similares ou substitutos no mercado. Ao escolher seus competidores estratégicos, leve em consideração fatores como participação de mercado, reputação, inovação, entre outros.

3. Coletando Dados:

- Uma etapa fundamental do benchmarking de produtos é a coleta de dados relevantes. Existem várias maneiras de obter esses dados, como pesquisas de mercado, análise de relatórios financeiros, análise de produtos disponíveis no mercado, entre outros. É importante coletar dados detalhados e atualizados para ter uma visão completa do mercado e dos produtos concorrentes.

4. Análise Comparativa:

- Depois de coletar os dados, é hora de realizar uma análise comparativa dos produtos. Compare características como preço, desempenho, qualidade, design, embalagem, suporte pós-venda, entre outros. Identifique as principais diferenças entre os seus produtos e os dos concorrentes e determine pontos fortes e fracos em relação aos concorrentes.

5. Identificando Melhores Práticas:

- Durante o benchmarking de produtos, é importante identificar as melhores práticas utilizadas pelos concorrentes. Por exemplo, se um concorrente tem uma embalagem mais atraente e funcional do que a sua, você pode considerar a implementação de melhorias semelhantes em seu produto. Essa etapa é fundamental para identificar oportunidades de melhoria em seu próprio produto.

6. Estabelecendo Metas e Implementando Melhorias:

- Com base nas informações coletadas e nas melhores práticas identificadas, estabeleça metas claras para melhorar seu produto. Isso pode incluir a redução de custos, melhorias de qualidade, desenvolvimento de novos recursos, entre outros. Posteriormente, implemente as melhorias necessárias em seu produto, sempre monitorando e avaliando os resultados obtidos.

7. Avaliação Contínua:

- O benchmarking de produtos não é um processo único, mas sim contínuo. À medida que o mercado e os concorrentes evoluem, é essencial fazer regularmente avaliações e atualizações para se manter competitivo. Monitore constantemente a evolução do mercado e faça ajustes em seu produto conforme necessário.

O benchmarking de produtos é uma poderosa ferramenta para melhorar a competitividade das empresas. Ao comparar e avaliar seus produtos em relação aos concorrentes, é possível identificar oportunidades de melhoria e implementar melhores práticas para obter vantagem competitiva. Lembre-se de que o benchmarking de produtos deve ser um processo contínuo, sempre adaptando-se às mudanças do mercado e das estratégias dos concorrentes.

Processo de benchmarking

Identificação do processo a ser benchmarked

Antes de começarmos o benchmarking de um processo, é essencial identificar o processo correto a ser analisado. Essa etapa é crucial para garantir que estamos comparando e melhorando os processos que realmente contribuem para os objetivos estratégicos de uma organização.

Passo 1: Definir os Objetivos Estratégicos

Primeiramente, devemos entender os objetivos estratégicos da organização. Isso inclui identificar as metas de desempenho, as áreas de negócio críticas e os processos que são essenciais para o sucesso da organização. Por exemplo, se a empresa busca melhorar a qualidade do seu produto, pode ser interessante benchmarkar o processo de controle de qualidade.

Passo 2: Identificar os Processos-Chave

Com base nos objetivos estratégicos, é necessário identificar os processos-chave que impactam diretamente esses objetivos. Esses processos são os que têm um alto impacto na organização e oferecem oportunidades significativas de melhoria. Por exemplo, se a organização visa melhorar a eficiência operacional, o processo de produção pode ser um dos processos-chave a ser benchmarked.

Passo 3: Avaliar a Viabilidade do Benchmarking

Antes de prosseguir com o benchmarking, é importante avaliar a viabilidade de benchmarkar o processo escolhido. Isso inclui avaliar se existem empresas ou organizações que possam ser referências nesse processo específico, se há disponibilidade de dados e informações relevantes, assim como recursos e tempo suficientes para realizar o benchmarking de forma eficaz.

Passo 4: Definir os Critérios de Benchmarking

Uma vez que o processo a ser benchmarked foi identificado e considerado viável, é necessário definir os critérios de benchmarking. Isso envolve a seleção de métricas e indicadores que serão usados para comparar o desempenho do processo da organização em relação às práticas das empresas de referência. Esses critérios podem variar de acordo com o processo escolhido, mas devem estar alinhados com os objetivos estratégicos.

Passo 5: Coletar Dados Relevantes

Após definir os critérios de benchmarking, é necessário coletar os dados relevantes para realizar a comparação. Isso pode envolver a realização de pesquisas, análise de relatórios, visitas a empresas referências, entre outras técnicas de coleta de dados. É importante garantir que os dados coletados sejam confiáveis, atualizados e representativos do processo em análise.

Passo 6: Analisar e Interpretar os Dados

Uma vez que os dados foram coletados, é hora de analisá-los e interpretá-los. Isso envolve comparar o desempenho do processo da organização com as práticas de referência identificadas. É importante identificar lacunas de desempenho e entender quais são as boas práticas adotadas pelas empresas referências que podem ser aplicadas ao processo em questão.

Passo 7: Identificar Oportunidades de Melhoria

Com base na análise dos dados, é possível identificar oportunidades de melhoria para o processo benchmarked. Isso pode incluir a adoção de melhores práticas, a implementação de novas tecnologias, a otimização de fluxos de trabalho, entre outras ações. É importante criar um plano de ação claro e realista para implementar as melhorias identificadas.

Passo 8: Compartilhar e Implementar as Melhorias

Por fim, as melhorias identificadas devem ser compartilhadas e implementadas na organização. Isso envolve a comunicação dos resultados do benchmarking para as partes interessadas relevantes e o envolvimento de equipes e recursos necessários para implementar as melhorias. É importante criar um processo de acompanhamento e monitoramento para garantir que as melhorias sejam efetivas e sustentáveis ao longo do tempo.

Seguindo esses passos, é possível identificar o processo correto a ser benchmarked e iniciar o processo de melhoria contínua de uma organização. O benchmarking eficaz não só permite aprender com as melhores práticas, mas também impulsiona a inovação e a competitividade no mercado.

Busca de benchmarks

A busca de benchmarks é uma etapa crucial no processo de benchmarking.

1. Definição e importância da busca de benchmarks

- O que é a busca de benchmarks?

 - Por que é importante realizar essa busca adequadamente?

2. Estabelecendo critérios de busca

Defina os critérios relevantes para buscar benchmarks do processo em questão.

Considere fatores como setor da indústria, tamanho da empresa, localização geográfica, entre outros.

3. Fontes de benchmarks

Identifique fontes confiáveis para encontrar benchmarks relevantes.

Exemplos de fontes podem incluir estudos de caso, relatórios de pesquisa, publicações especializadas, associações do setor e redes profissionais.

4. Pesquisa online

Utilize motores de busca para encontrar informações relacionadas ao processo que está sendo benchmarked.

Refine os resultados da pesquisa com base nos critérios estabelecidos anteriormente.

5. Visitas a outras organizações

Entre em contato com outras empresas que possam ter práticas de referência.

Agende visitas ou reuniões para conhecer de perto seus processos e obter insights.

6. Benchmarking competitivo

Analise os concorrentes diretos do seu negócio.

Identifique suas práticas bem-sucedidas e use-as como benchmarks.

7. Benchmarking funcional

Explore organizações de outros setores que possuam processos semelhantes aos que você deseja benchmarkar.

Identifique suas melhores práticas e adapte-as ao seu contexto.

8. Parcerias e colaboração

- Explore a possibilidade de estabelecer parcerias com outras empresas para compartilhar melhores práticas e benchmarkar mutuamente.

9. Avaliação dos benchmarks encontrados

Analise criticamente os benchmarks encontrados.

Verifique a validade, relevância e aplicabilidade dos dados.

10. Documentação dos benchmarks

Registre os benchmarks encontrados de forma organizada.

Documente os processos, resultados e aprendizados obtidos durante a busca.

Lembre-se de que a busca de benchmarks é apenas uma etapa do processo de benchmarking. Após essa busca, é fundamental realizar a identificação do processo a ser benchmarked, coleta de dados, análise e comparação, bem como implementação das melhorias identificadas.

Coleta de dados

Coleta de dados é uma parte vital do processo de benchmarking. É através da coleta de dados que obtemos informações valiosas que nos permitem comparar nosso processo atual com outros benchmarks e identificar áreas de melhoria.

Definir os objetivos da coleta de dados:

Antes de iniciar a coleta de dados, é importante definir claramente os objetivos que deseja alcançar com essa atividade. Isso ajudará a orientar todo o processo e garantir que os dados coletados sejam relevantes e úteis para a análise e comparação posterior.

Identificação das fontes de dados:

A próxima etapa é identificar as fontes de dados disponíveis para coletar as informações necessárias. Isso pode incluir documentos internos, relatórios, bancos de dados, feedback dos clientes, pesquisas de mercado, entre outros. É importante garantir que as fontes selecionadas sejam confiáveis e abrangentes o suficiente para fornecer informações significativas.

Determinar os indicadores de desempenho:

Antes de começar a coletar dados, é necessário estabelecer os indicadores de desempenho relevantes para o processo de benchmarking. Isso ajudará a quantificar o desempenho atual e permitir a comparação com os benchmarks identificados. Esses indicadores podem incluir tempo de ciclo, custo, qualidade, produtividade, satisfação do cliente, entre outros.

Escolher as técnicas de coleta de dados:

Existem várias técnicas de coleta de dados disponíveis, e a escolha dependerá das informações necessárias e das fontes de dados identificadas. Algumas técnicas comuns incluem entrevistas, questionários, observação direta, análise de documentos e registros, entre outros. É importante selecionar as técnicas mais adequadas para obter dados precisos e confiáveis.

Preparar os instrumentos de coleta de dados:

Antes de iniciar a coleta de dados, é necessário preparar os instrumentos necessários para registrar as informações. Isso pode incluir questionários, guias de entrevista, formulários de observação, entre outros. Certifique-se de que esses instrumentos sejam claros, concisos e adequados para capturar os dados relevantes de forma consistente.

Realizar a coleta de dados:

Com a preparação completa, é hora de iniciar a coleta de dados. Certifique-se de seguir as técnicas e instrumentos selecionados, garantindo que as informações sejam coletadas de maneira sistemática e precisa. É importante ser objetivo e evitar qualquer viés que possa afetar os resultados.

Analisar os dados coletados:

Após a coleta de dados, é necessário analisá-los para obter insights significativos. Isso pode incluir a aplicação de métodos estatísticos, criação de gráficos e tabelas, identificação de tendências e padrões, entre outros. A análise dos dados permitirá comparar o desempenho atual com os benchmarks e identificar áreas de melhoria.

Interpretar os resultados:

Após a análise dos dados, é necessário interpretar os resultados para obter uma compreensão clara do desempenho atual e das oportunidades de melhoria. Isso pode envolver a identificação de lacunas, o estabelecimento de metas de desempenho, a priorização das áreas de melhoria, entre outros.

Em resumo, a coleta de dados é uma etapa essencial no processo de benchmarking. Siga as etapas acima para garantir que os dados coletados sejam relevantes, precisos e úteis para a análise e comparação. Lembre-se de definir os objetivos, identificar as fontes, estabelecer indicadores de desempenho, escolher as técnicas de coleta, preparar os instrumentos, realizar a coleta, analisar os dados e interpretar os resultados. Com essas informações em mãos, você estará melhor equipado para implementar melhorias no seu processo de benchmarking.

Análise e comparação

Para realizar um processo de benchmarking eficaz, é fundamental realizar a análise e comparação dos dados coletados durante a busca de benchmarks. Essa etapa é essencial para identificar quais são as melhores práticas do mercado e como elas podem ser aplicadas ao seu próprio processo.

Nessa fase do processo de benchmarking, é importante realizar uma análise detalhada dos dados coletados e comparar as práticas adotadas pela sua empresa com aquelas identificadas como melhores no mercado. Essa análise e comparação podem ser feitas em diferentes aspectos, como qualidade, produtividade, eficiência, custo, entre outros.

A primeira etapa da análise e comparação é revisar os dados coletados durante a busca de benchmarks. Para isso, é necessário organizar esses dados de forma clara e objetiva, agrupando os por área ou processo em questão. Por exemplo, se estamos realizando um benchmarking no processo de produção, podemos agrupar os dados relacionados a esse processo, como tempo de produção, custo dos materiais, qualidade do produto final, entre outros.

Após organizar os dados, é hora de compará-los. Nesse processo, será possível identificar as diferenças entre as práticas adotadas pela sua empresa e as melhores práticas identificadas. Ao comparar esses dados, é importante ressaltar não apenas as diferenças, mas também as semelhanças e os pontos fortes de cada prática.

Uma forma eficaz de realizar essa comparação é por meio de indicadores de desempenho. Para cada prática ou processo que está sendo analisado, é possível estabelecer indicadores que sirvam como referência para medir o desempenho. Por exemplo, se estamos analisando o tempo de produção, podemos estabelecer um indicador que determine a meta de tempo ideal para essa atividade. Em seguida, podemos comparar o desempenho de cada prática ou processo com essa meta, identificando quais estão abaixo ou acima dela.

Além disso, é importante considerar também o contexto de cada empresa. Nem sempre uma prática adotada por uma empresa de referência será aplicável na sua empresa. Por isso, é importante levar em conta as características e particularidades do seu próprio negócio ao realizar a comparação.

Após a análise e comparação dos dados, é possível identificar quais são as melhores práticas que podem ser adotadas pela sua empresa. Essas práticas podem englobar diferentes aspectos, como tecnologia, processos, treinamento, entre outros. É importante, entretanto, considerar a viabilidade e a capacidade de implementação dessas práticas na sua organização.

É válido ressaltar que a análise e comparação não se limitam apenas a essa fase do benchmarking. Essa etapa deve ser realizada de forma contínua, permitindo a identificação de novas melhores práticas e a melhoria contínua dos processos da sua empresa.

Portanto, a análise e comparação são etapas fundamentais do processo de benchmarking. Por meio delas, é possível identificar e adotar as melhores práticas do mercado, possibilitando a

melhoria contínua dos processos e a obtenção de vantagens competitivas no mercado.

Benefícios e desafios do benchmarking

Vantagens do benchmarking

Benchmarking é uma prática importante que permite às empresas comparar seu desempenho em relação aos concorrentes e às melhores práticas do setor. Essa ferramenta estratégica proporciona inúmeras vantagens para as organizações, ajudando-as a identificar oportunidades de melhoria e a alcançar a excelência operacional.

Uma das principais vantagens do benchmarking é a possibilidade de aprender com os líderes do mercado. Ao estudar as práticas das empresas que são consideradas referência em determinado setor, é possível identificar as estratégias, processos e métodos que levaram ao seu sucesso. Isso permite às organizações adotar ideias inovadoras, otimizar seus processos e melhorar seu desempenho global.

Além disso, o benchmarking também proporciona uma visão clara sobre os pontos fortes e fracos de uma empresa em relação à concorrência. Ao comparar indicadores-chave de desempenho (KPIs) e métricas relevantes, é possível identificar áreas em que a organização está ficando para trás ou se destacando. Com essas informações, é mais fácil direcionar os esforços para corrigir deficiências e aproveitar o que há de melhor na empresa.

Outra vantagem do benchmarking é a oportunidade de identificar e implementar melhores práticas e processos inovadores. Ao estudar as estratégias e métodos utilizados pelas empresas líderes do mercado, é possível identificar abordagens eficientes que podem ser adaptadas e aplicadas à realidade da empresa em questão. Essa troca de conhecimentos e experiências entre organizações resulta em um aumento significativo da produtividade e da qualidade dos produtos ou serviços.

Além disso, o benchmarking também auxilia na identificação de novas tendências e oportunidades no mercado. Ao monitorar constantemente as práticas adotadas pelos concorrentes e pelas empresas líderes, é possível identificar mudanças no mercado, novas tecnologias, mudanças de hábitos dos consumidores, entre outros fatores relevantes. Isso permite que a organização se antecipe às tendências e se adapte rapidamente às novas demandas do mercado.

Por fim, o benchmarking também contribui para o desenvolvimento de uma cultura de aprendizado e melhoria contínua dentro da organização. Ao realizar comparações constantes com as melhores práticas do setor, a empresa estimula a busca pela excelência, o aprimoramento dos processos e a inovação. Isso resulta em uma maior competitividade e posicionamento estratégico no mercado.

Em resumo, o benchmarking oferece diversas vantagens para as empresas que desejam se destacar em seu mercado de atuação. Ao aprender com os melhores, identificar pontos fracos, implementar melhores práticas e estar atento às tendências do mercado, a organização pode alcançar a excelência operacional e garantir seu sucesso a longo prazo.

Desafios e limitações do benchmarking

O benchmarking é uma ferramenta poderosa para as empresas que desejam melhorar seu desempenho e identificar oportunidades de crescimento. No entanto, assim como qualquer outra metodologia, existem desafios e limitações associados ao benchmarking que devem ser considerados.

Definição clara de objetivos:

Um desafio comum no benchmarking é definir claramente os objetivos da comparação.

Antes de embarcar no processo de benchmarking, é importante identificar quais são os principais aspectos que se deseja melhorar e quais métricas serão utilizadas na comparação. Isso ajudará a evitar a coleta de dados desnecessários e garantirá um foco eficiente na melhoria dos processos.

Disponibilidade de dados confiáveis:

Outra limitação do benchmarking é a disponibilidade de dados confiáveis para comparação. Muitas vezes, as empresas não estão dispostas a compartilhar informações sensíveis ou não possuem os dados necessários para realizar uma comparação significativa.

Isso pode dificultar a obtenção de dados precisos e confiáveis para análise comparativa. Nesses casos, é importante explorar outras fontes de dados disponíveis no mercado ou buscar parcerias com empresas que estejam dispostas a compartilhar informações relevantes.

Variabilidade entre empresas:

Cada empresa é única em termos de cultura organizacional, estrutura, processos e recursos disponíveis.

Portanto, comparar-se com outras empresas nem sempre é uma tarefa fácil. A variabilidade entre as empresas pode tornar a comparação menos significativa e dificultar a

identificação de boas práticas que podem ser aplicadas à realidade da sua organização. É importante ter em mente que o benchmarking é uma ferramenta de aprendizado e inspiração, e não uma fórmula mágica para o sucesso.

Falta de comprometimento e resistência interna:

Um dos maiores desafios do benchmarking é superar a resistência interna e garantir o comprometimento de todas as partes envolvidas. Algumas pessoas podem encarar o benchmarking como uma ameaça ou podem não ver valor na comparação com outras empresas.

É essencial envolver os principais interessados desde o início, explicar os benefícios do benchmarking e demonstrar como ele pode levar a uma melhoria significativa nos resultados da organização.

Falta de acompanhamento e ação:

Um dos erros comuns no benchmarking é não acompanhar os resultados e não tomar ações concretas com base nas informações coletadas. A comparação deve ser seguida por um plano de ação para implementar as melhores práticas identificadas.

É importante estabelecer metas claras, monitorar regularmente os progressos e ajustar as estratégias conforme necessário. A falta de acompanhamento e ação pode limitar os benefícios do benchmarking e torná-lo apenas um exercício teórico sem impacto real.

O benchmarking é uma ferramenta valiosa para a melhoria contínua e o desenvolvimento organizacional. No entanto, é importante reconhecer e enfrentar os desafios e limitações associados ao benchmarking.

Definir objetivos claros, buscar dados confiáveis, considerar a variabilidade entre as empresas, garantir o comprometimento interno e acompanhar os resultados são passos fundamentais para superar esses obstáculos.

Com uma abordagem estratégica e focada, o benchmarking pode fornecer insights valiosos e impulsionar o sucesso da sua organização.

Definição dos objetivos

Definir os objetivos é uma etapa fundamental no processo de realização de um benchmarking eficaz. Nesta fase, é necessário identificar claramente o que se deseja alcançar com o benchmarking e estabelecer metas mensuráveis e realistas.

Ao definir os objetivos, é importante levar em consideração o contexto em que a organização está inserida, bem como as suas necessidades específicas. Os objetivos devem estar alinhados com a estratégia da empresa e serem relevantes para o desenvolvimento e aprimoramento do negócio.

A definição dos objetivos pode ser feita levando em consideração diferentes áreas de atuação da empresa, tais como produção, financeira, marketing, atendimento ao cliente, entre outras. É importante que os objetivos sejam específicos, ou seja, que sejam claros e bem definidos.

Para auxiliar na definição dos objetivos, é recomendado seguir o método SMART, que estabelece critérios para a formulação de metas:

Específico (Specific): O objetivo deve ser claro e específico, evitando ambiguidades. Por exemplo, em vez de definir o objetivo como "melhorar o atendimento ao cliente", deve-se especificar o que exatamente se pretende melhorar, como "reduzir o tempo médio de resposta às solicitações dos clientes em 30%".

Mensurável (Measurable): O objetivo deve ser mensurável para que seja possível avaliar o seu progresso e o alcance da meta estabelecida. Utilizando o exemplo anterior, é possível medir facilmente o tempo médio de resposta atual e acompanhar a redução em relação ao objetivo estabelecido.

Atingível (Attainable): O objetivo deve ser viável, ou seja, alcançável com os recursos disponíveis. É importante que as metas sejam desafiadoras, mas também realistas. Estabelecer um objetivo muito ambicioso pode levar à desmotivação da equipe.

Relevante (Relevant): O objetivo deve ser relevante para o negócio e estar alinhado com a estratégia da empresa. Ele deve ter um impacto significativo nas áreas identificadas como necessitando de aprimoramento.

Temporal (Time-bound): O objetivo deve ter um prazo para ser alcançado, estabelecendo um tempo limite para realizar as ações necessárias. Definir um prazo ajuda a manter o foco e a evitar a procrastinação.

Ao seguir esses critérios, é possível estabelecer objetivos claros, alcançáveis e mensuráveis, o que facilitará o planejamento e a execução do benchmarking. Além disso, a definição dos objetivos permitirá direcionar os esforços e recursos da empresa de forma mais eficiente, garantindo que o processo de benchmarking seja eficaz e traga resultados positivos.

Etapas para realizar um benchmarking eficaz é um tema abrangente, mas é importante destacar que a definição dos objetivos é um passo fundamental nesse processo. Ao estabelecer objetivos claros e mensuráveis, a organização dará direção ao benchmarking e poderá avaliar o sucesso do processo.

Seleção das métricas e indicadores de desempenho

Uma parte importante do processo de benchmarking eficaz é a seleção das métricas e indicadores de desempenho corretos. Essas métricas são fundamentais para avaliar o desempenho das empresas comparadas e identificar as áreas onde melhorias podem ser feitas.

Analisando os objetivos do benchmarking:

Antes de selecionar as métricas e indicadores de desempenho, é essencial ter uma compreensão clara dos objetivos do benchmarking. Isso envolve identificar as áreas específicas que você deseja melhorar e o tipo de informação que você precisa para avaliar o desempenho. Portanto, a primeira etapa é analisar os objetivos do benchmarking e determinar quais métricas e indicadores são relevantes para atingir esses objetivos.

Identificando as áreas-chave:

Com base nos objetivos do benchmarking, é importante identificar as áreas-chave para as quais você deseja medir o desempenho. Por exemplo, se estiver realizando benchmarking para melhorar a eficiência do processo de produção, você pode querer focar em métricas como tempo de ciclo, taxa de retrabalho e taxa de conformidade. Identifique as áreas críticas e listei-as para facilitar a próxima etapa.

Definindo as métricas e indicadores:

Agora é hora de definir as métricas e indicadores específicos para cada área-chave identificada. As métricas devem ser quantificáveis e mensuráveis, a fim de fornecer dados tangíveis para comparação. Por exemplo, se estiver medindo a qualidade do produto, você pode usar indicadores como o número de defeitos por unidade produzida ou a taxa de satisfação do cliente. Defina claramente as métricas e indicadores para que possam ser medidos de forma consistente.

Avaliando a disponibilidade de dados:

Antes de finalizar as métricas e indicadores, é importante avaliar a disponibilidade de dados relevantes. Verifique se você tem acesso às informações necessárias para medir as métricas selecionadas. Se os dados não estiverem disponíveis internamente, considere a possibilidade de obtê-los por meio de pesquisas de mercado, parcerias com outras empresas ou consultorias especializadas. Certifique-se de que os dados estejam acessíveis antes de prosseguir.

Validando as métricas selecionadas:

Uma vez que você tenha definido as métricas e indicadores, é importante validar sua relevância e eficácia. Isso pode ser feito por meio de revisões técnicas internas ou consultas a especialistas no campo. Certifique-se de que as métricas selecionadas estejam alinhadas com os objetivos do benchmarking e possam proporcionar insights valiosos quando comparadas com as empresas referência.

Documentando as métricas e indicadores selecionados:

Por fim, é crucial documentar todas as métricas e indicadores selecionados. Isso inclui fornecer uma definição clara de cada métrica, indicar como ela será medida e explicar por que ela é relevante. A documentação ajudará a garantir a consistência na coleta de dados e a facilitar a comunicação com as partes interessadas envolvidas no benchmarking.

A seleção das métricas e indicadores de desempenho é uma etapa crítica do processo de benchmarking eficaz.

Escolha dos parceiros de benchmarking

A escolha dos parceiros de benchmarking é uma etapa crucial para realizar um benchmarking eficaz. Nesta etapa, selecione cuidadosamente as empresas ou organizações com as quais você fará comparações e analisará o desempenho. Para garantir resultados relevantes e significativos, considere os seguintes passos ao escolher seus parceiros de benchmarking:

Identificar organizações de referência: Comece identificando organizações que sejam consideradas referências na sua indústria ou segmento de mercado. Procure empresas que sejam líderes em termos de desempenho, inovação, eficiência operacional ou qualquer outro aspecto relevante para o seu objetivo de benchmarking. Isso pode ser feito por meio de pesquisas, análise de mercado, revisão de relatórios e análise de notícias.

Considerar a similaridade: Ao escolher seus parceiros de benchmarking, é importante considerar a similaridade entre a sua própria organização e as empresas de referência. Procure por empresas que tenham um tamanho, estrutura e modelo de negócio semelhantes. Quanto mais semelhanças existirem, mais fácil será realizar comparações relevantes e aplicar os aprendizados na sua própria organização.

Acessibilidade e disponibilidade de dados: Verifique a acessibilidade e disponibilidade dos dados pertinentes para análise de benchmarking. Certifique-se de que as empresas selecionadas estão dispostas a compartilhar informações relevantes e valiosas para o seu objetivo de benchmarking. Isso pode envolver a assinatura de acordos de confidencialidade ou a negociação de compartilhamento de informações específicas.

Relacionamentos pré-existentes: Considere se você já tem algum tipo de relacionamento ou parceria prévia com as empresas que deseja incluir no benchmarking. Relacionamentos preexistentes podem facilitar o processo de compartilhamento de informações e colaboração mútua. Além disso, parceiros de benchmarking com os quais você já possui um relacionamento podem estar mais dispostos a ajudar e colaborar para alcançar os objetivos comuns.

Reputação e confiabilidade: Antes de selecionar seus parceiros de benchmarking, avalie a reputação e a confiabilidade das empresas em consideração. Pesquise sobre a ética empresarial, histórico de resultados, envolvimento com a comunidade e outros fatores relevantes para garantir que você esteja estabelecendo parcerias com organizações confiáveis e respeitáveis.

Desenvolver um plano de abordagem: Com base na seleção dos seus parceiros de benchmarking, desenvolva um plano de abordagem detalhado. Defina os objetivos específicos da comparação, as métricas e os indicadores de desempenho que serão analisados, o cronograma de coleta de dados, as metodologias de análise e qualquer outro aspecto relevante para o processo de benchmarking.

Lembre-se de que a escolha dos parceiros de benchmarking tem um impacto significativo nos resultados e na aplicabilidade das análises realizadas. Siga essas etapas cuidadosamente para garantir que você esteja selecionando os parceiros ideais para um benchmarking eficaz e útil para o crescimento e melhoria da sua própria organização.

Para realizar um benchmarking eficaz, é necessário seguir algumas etapas importantes.

Identificação das necessidades:

Antes de iniciar o benchmarking, é fundamental identificar quais são as necessidades e os objetivos da sua organização. Isso ajudará a direcionar o processo de benchmarking e garantir que ele seja relevante e útil para o seu negócio.

Definição dos critérios de comparação:

Após identificar as necessidades, é necessário definir quais serão os critérios de comparação. Isso significa decidir quais aspectos do seu próprio desempenho você irá comparar com outras empresas ou organizações. Os critérios podem incluir indicadores de desempenho, processos, práticas, custos, entre outros.

Identificação dos concorrentes e parceiros de benchmarking:

Nesta etapa, você deve identificar quais empresas ou organizações serão utilizadas como referência para o benchmarking. É importante selecionar concorrentes diretos ou empresas do mesmo setor que tenham boas práticas que você queira adotar. Além disso, também é possível buscar parcerias com empresas de setores diferentes que tenham práticas relevantes para o seu negócio.

Coleta de dados:

Uma vez que os parceiros de benchmarking foram selecionados, é hora de coletar os dados necessários para a comparação. Existem várias formas de fazer isso, como entrevistas, visitas presenciais, questionários, pesquisas online, entre outros métodos. Certifique-se de utilizar métodos confiáveis e obter dados precisos e relevantes.

Análise dos dados e identificação de boas práticas:

Com os dados coletados, é hora de analisá-los e identificar as boas práticas que podem ser aplicadas na sua própria organização. Compare os resultados obtidos com os seus critérios de comparação e identifique áreas de melhoria e oportunidades de aprendizado. Além disso, é importante estar aberto a novas ideias e abordagens que podem ser aplicadas na sua organização.

Elaboração de um plano de ação:

Com base nas boas práticas identificadas, elabore um plano de ação detalhado que descreva as ações específicas que serão implementadas na sua organização. Defina prazos, responsáveis e recursos necessários para cada ação. É importante garantir que o plano de ação seja realista e viável, levando em consideração as capacidades e recursos da sua organização.

Implementação e monitoramento do plano de ação:

Coloque o plano de ação em prática e acompanhe de perto a sua implementação. Monitore os resultados e faça ajustes conforme necessário. É importante envolver todas as partes interessadas e garantir o comprometimento da equipe para garantir o sucesso da implementação.

Lembre-se de que o benchmarking é um processo contínuo e que deve fazer parte da cultura da sua organização. Mantenha-se atualizado sobre as melhores práticas do mercado e esteja sempre em busca de oportunidades de aprendizado e melhoria. Ao seguir essas etapas, você estará no caminho certo para realizar um benchmarking eficaz.

Após concluir as etapas anteriores de um benchmarking eficaz, é essencial realizar a análise dos resultados obtidos e identificar possíveis melhorias. Nesta etapa, você irá analisar os dados coletados e compará-los com os dados dos parceiros de benchmarking, visando identificar oportunidades de aprimoramento nas práticas da sua organização.

A análise dos resultados pode ser dividida em duas etapas principais: análise quantitativa e análise qualitativa.

Análise Quantitativa:

Nesta etapa, você irá se concentrar na análise dos dados numéricos obtidos durante o benchmarking. Para isso, é importante selecionar as métricas e indicadores de desempenho previamente definidos. Aqui estão alguns passos a seguir:

Coleta de dados:

Organize todas as informações quantitativas obtidas durante o benchmarking. Certifique-se de que os dados coletados estejam completos e precisos. Use ferramentas como planilhas ou softwares de análise de dados para facilitar esse processo.

Comparação de dados:

Compare os dados coletados da sua organização com os dados dos parceiros de benchmarking. Identifique áreas onde a sua organização está se saindo bem e áreas em que precisa melhorar.

Analise as diferenças e semelhanças entre os dados para obter insights relevantes.

Identificação de gaps:

Identifique as lacunas entre o desempenho atual da sua organização e o desempenho dos parceiros de benchmarking. Essas lacunas podem revelar oportunidades de melhoria e servir como base para definir metas realistas para o futuro.

Análise Qualitativa:

Além da análise quantitativa, é importante também realizar uma análise qualitativa dos resultados. Isso envolve a avaliação de fatores subjetivos, como práticas, processos e cultura organizacional. Aqui estão alguns passos a seguir:

Revisão de práticas e processos:

Analise as práticas e processos adotados pelos parceiros de benchmarking. Identifique aquelas que são consideradas melhores práticas e avalie se sua organização pode adotá-las. Essa análise qualitativa pode fornecer insights valiosos sobre possíveis melhorias.

Identificação de boas práticas:

Identifique as boas práticas da sua própria organização. Avalie se essas práticas podem ser replicadas em outras áreas ou unidades de negócio. Documente essas boas práticas para compartilhamento e disseminação dentro da sua organização.

Feedback da equipe:

Envolver a equipe que participou do processo de benchmarking é fundamental. Realize reuniões e workshops para discutir os resultados e identificar pontos de melhoria a partir das percepções e experiências da equipe. Isso ajuda a criar um senso de propriedade e engajamento em relação ao processo de melhoria contínua.

A análise dos resultados e a identificação de melhorias são fundamentais para o sucesso de um processo de benchmarking. Essa etapa permite que você utilize os dados coletados de forma estratégica, identificando oportunidades de aprimoramento e definindo ações para alcançar melhores resultados. Lembre-se de que a análise quantitativa e qualitativa se complementam, fornecendo uma visão abrangente sobre como melhorar o desempenho da sua organização.

Agora que você compreende a importância e os passos envolvidos na análise dos resultados e identificação de melhorias, está preparado(a) para aplicar esses conhecimentos em seu processo de benchmarking eficaz. Utilize essas informações para impulsionar a melhoria contínua na sua organização e conquistar resultados cada vez mais excelentes.

MODEL BUSINESS CANVAS

Introdução ao Modelo Business Canvas

O que é um modelo de negócio

Um modelo de negócio é uma representação clara e detalhada de como uma empresa cria, entrega e captura valor. Ele descreve a lógica fundamental de como uma organização opera e gera receitas. Ao desenvolver um modelo de negócio eficaz, os empreendedores podem definir e testar suas ideias, identificar oportunidades, planejar e tomar decisões estratégicas.

Um modelo de negócio completo geralmente inclui nove componentes-chave. Vamos ver cada um deles em detalhes:

Segmentos de cliente (Customer Segments):

Nesse componente, você define os diferentes grupos de clientes que sua empresa atende. Esses segmentos podem ser baseados em características demográficas, necessidades, preferências ou qualquer outro fator relevante. É importante identificar claramente os perfis dos clientes para que você possa criar valor específico para cada grupo.

Proposta de valor (Value Proposition):

Aqui, você descreve de maneira clara e concisa os benefícios e valor que sua empresa oferece aos clientes. Isso pode incluir produtos, serviços, experiências personalizadas, preço, conveniência ou qualquer outro elemento que os clientes considerem valioso. A proposta de valor é o diferencial competitivo da sua empresa.

Canais (Channels):

Esse componente aborda os canais pelos quais você irá entregar sua proposta de valor aos clientes. Pode incluir canais de distribuição física, como loja física ou logística de entrega, além de canais online, como um website, redes sociais ou aplicativos móveis.

Relacionamento com clientes (Customer Relationships):

Aqui, você define como irá interagir e se relacionar com seus clientes. Você pode oferecer suporte pós-venda, fornecer atendimento personalizado, estabelecer comunicação constante ou qualquer outro método que seja adequado ao seu modelo de negócio.

Fluxos de receita (Revenue Streams):

Nesse componente, você identifica as diferentes formas pelas quais sua empresa irá gerar receita. Pode ser por meio da venda direta de produtos, serviços recorrentes, assinaturas, publicidade, comissões ou qualquer outra fonte de receita relevante para o seu negócio.

Recursos principais (Key Resources):

Aqui, você lista os recursos que sua empresa precisa para operar com sucesso. Isso pode incluir recursos físicos, como máquinas, equipamentos, instalações, recursos humanos, como funcionários qualificados, parceiros estratégicos, ou recursos intangíveis, como marcas registradas ou patentes.

Atividades-chave (Key Activities):

Nesse componente, você descreve as atividades essenciais que sua empresa precisa realizar para implementar o modelo de negócio. Isso pode incluir atividades de produção, desenvolvimento de produtos, marketing, vendas, atendimento ao cliente ou qualquer outra atividade relevante.

Parcerias principais (Key Partnerships):

Aqui, você identifica as parcerias estratégicas que são essenciais para o seu negócio. Isso pode incluir fornecedores, fabricantes, distribuidores, empresas de logística, parceiros tecnológicos ou qualquer outra organização que possa complementar suas capacidades e impulsionar o crescimento.

Estrutura de custos (Cost Structure):

Por fim, nesse componente, você descreve como sua empresa irá alocar recursos financeiros para operar e manter o modelo de negócio. Isso inclui custos fixos, como aluguel, salários, energia, custos variáveis, como matéria-prima, marketing e outros gastos operacionais.

Ao visualizar e analisar esses nove componentes em conjunto, você pode ter uma visão holística do seu modelo de negócio e identificar oportunidades de melhoria e inovação. O Modelo Business Canvas é uma ferramenta útil para desenvolver e comunicar seu modelo de negócio de forma clara e eficaz.

O Modelo Business Canvas é uma ferramenta de gestão estratégica que permite criar e analisar modelos de negócio de forma visual e simplificada. Foi criado por Alexander Osterwalder e Yves Pigneur e publicado pela primeira vez no livro "Business Model Generation" em 2010.

O conceito por trás do Modelo Business Canvas é proporcionar uma maneira estruturada e prática para que os empreendedores e gestores possam descrever, desenvolver e inovar modelos de negócio. Ao invés de utilizar extensos planos de negócio, o Canvas utiliza um único quadro dividido em nove blocos, cada um representando um elemento fundamental para o funcionamento de um negócio.

Esses nove blocos do Business Canvas são:

Segmento de Clientes: descreve os diferentes grupos de clientes que uma empresa pretendeatingir.

Proposta de Valor: indica quais os produtos e serviços a empresa oferece para atender às necessidades dos clientes.

Canais de Distribuição: representa os meios utilizados para alcançar os clientes e entregar a proposta de valor.

Relacionamento com o Cliente: descreve como a empresa se relaciona com os clientes e como mantém sua fidelidade.

Fontes de Receita: indica como a empresa gera receita a partir dos produtos ou serviços oferecidos.

Recursos Principais: são os principais ativos necessários para que o negócio funcione corretamente.

Atividades-chave: descrevem as principais ações e tarefas que a empresa precisa realizar para entregar sua proposta de valor.

Parceiros Principais: representam as empresas, fornecedores ou indivíduos que auxiliam no funcionamento do negócio.

Estrutura de Custos: indica os custos envolvidos para manter o negócio funcionando.

A utilização do Modelo Business Canvas traz diversos benefícios para os empreendedores e gestores. Nessa ferramenta, é possível identificar rapidamente as principais características do modelo de negócio, facilitando a compreensão e comunicação entre as partes interessadas. Além disso, permite avaliar os potenciais oportunidades e desafios, bem como auxiliar na definição de estratégias para a empresa.

No âmbito das aplicações do Modelo Business Canvas, ele é amplamente utilizado em startups, mas também pode ser utilizado por empresas existentes que estão buscando inovação e aprimoramento de seus modelos de negócio. É uma excelente ferramenta para auxiliar na criação de um plano de negócios, bem como na identificação de pontos de melhoria em modelos de negócio já estabelecidos.

Em resumo, o Modelo Business Canvas é uma ferramenta poderosa para a compreensão e análise de modelos de negócio. Seus nove blocos permitem uma visão simplificada e estruturada, facilitando a tomada de decisões estratégicas e inovadoras.

Segmento de Clientes

Identificação de segmentos de clientes

O primeiro passo para identificar os segmentos de clientes é entender o que são. Os segmentos de clientes são grupos de pessoas ou empresas com características e necessidades semelhantes. Ao identificar esses segmentos, as empresas podem personalizar sua abordagem de marketing e oferecer soluções específicas para cada grupo.

Antes de começarmos a identificar os segmentos de clientes, é importante ter um bom entendimento do nosso negócio e do mercado em que estamos atuando. Isso nos ajudará a reconhecer as oportunidades e desafios que enfrentamos. Portanto, é crucial ter uma definição clara e detalhada de nossas personas e perfis de clientes.

Agora, vamos nos concentrar em como identificar os segmentos de clientes.

Coleta de dados: O primeiro passo é coletar dados relevantes sobre nossos clientes. Isso pode incluir informações demográficas, como idade, gênero, localização geográfica, além de dados comportamentais, interesses e preferências. Podemos obter esses dados através de pesquisas, análise de dados internos ou até mesmo parcerias com empresas especializadas em análise de mercado.

Análise dos dados: Uma vez que tenhamos coletado os dados, precisamos analisá-los para identificar padrões e tendências. Isso nos ajudará a identificar grupos de clientes com características semelhantes. Podemos usar técnicas como análise de cluster ou segmentação de dados para encontrar os segmentos de clientes mais relevantes.

Desenvolvimento de perfis: Com base na análise dos dados, podemos começar a desenvolver perfis para cada segmento de cliente identificado. Esses perfis devem incluir informações detalhadas sobre as características e necessidades específicas de cada segmento. Quanto mais detalhado e preciso o perfil, melhor poderemos atender às necessidades do segmento.

Personalização da abordagem: Uma vez que tenhamos identificado os segmentos de clientes e desenvolvido perfis para cada um, podemos personalizar nossa abordagem de marketing. Isso significa adaptar nossa mensagem, canais de comunicação e estratégias de venda para atender às necessidades específicas de cada segmento. Por exemplo, podemos criar campanhas de marketing direcionadas para cada segmento ou oferecer pacotes de produtos/serviços personalizados.

Monitoramento contínuo: Identificar segmentos de clientes não é um processo estático. É importante monitorar continuamente as mudanças nas necessidades e preferências dos segmentos e ajustar nossa abordagem de acordo. Isso pode envolver a coleta regular de dados, a realização de pesquisas de satisfação do cliente ou o acompanhamento das tendências do mercado.

Ao seguir esses passos, podemos identificar segmentos de clientes de forma eficaz e alinhar nossas estratégias de negócios para atender às suas necessidades. Lembre-se de que a identificação de segmentos de clientes é um processo contínuo e, quanto mais bem-sucedido formos nessa etapa, melhores serão nossos resultados comerciais.

Definição de personas e perfis de clientes

Para ter sucesso em qualquer negócio, é essencial entender e conhecer o público-alvo. Uma ferramenta importante para isso é a definição de personas e perfis de clientes.

O que são personas e perfis de clientes?

Personas são representações fictícias do cliente ideal, baseadas em dados reais e características demográficas, comportamentais e psicográficas. Perfis de clientes são descrições detalhadas dos diferentes tipos de clientes que uma empresa atende ou deseja atender.

2. Importância das personas e perfis de clientes

As personas ajudam a compreender melhor quem são os clientes e o que eles precisam, possibilitando uma comunicação mais relevante e eficaz.

Os perfis de clientes permitem que a empresa direcione recursos e ações para segmentos específicos, maximizando o retorno sobre o investimento.

3. Identificando personas e perfis de clientes

Pesquisa de mercado: colete dados primários e secundários sobre os clientes, incluindo características demográficas, comportamentais e preferências.

Entrevistas e questionários: conduza entrevistas com clientes atuais e potenciais para obter insights sobre suas necessidades, desejos e comportamentos.

Análise de dados: utilize informações de compras, comportamentos de navegação e interação nas redes sociais para identificar padrões e tendências.

4. Criando personas

Descreva a idade, gênero, ocupação, localização geográfica, interesses, metas e desafios de cada persona.

Inclua informações sobre seus comportamentos online, como canais de comunicação preferidos e frequência de uso da internet.

5. Definindo perfis de clientes

Agrupe os clientes em diferentes segmentos com base em suas características comuns.

Classifique os segmentos de acordo com o valor que eles representam para a empresa, considerando o potencial de compra, fidelidade e lucratividade.

Crie descrições detalhadas para cada perfil, incluindo características demográficas, comportamentais, preferências e motivações de compra.

6. Utilizando personas e perfis de clientes

Adapte sua comunicação e estratégias de marketing para atender às necessidades e interesses das personas.

Personalize seus produtos ou serviços para atender aos perfis de clientes específicos.

Desenvolva campanhas de marketing direcionadas a cada segmento de cliente, utilizando canais de comunicação adequados.

7. Atualizando personas e perfis de clientes

À medida que seu negócio evolui, é fundamental revisar e atualizar suas personas e perfis de clientes.

Mantenha-se atualizado com as mudanças nas preferências e comportamentos do público alvo, analisando regularmente seus padrões de compra e interação.

Com a definição de personas e perfis de clientes bem estabelecidos, você estará melhor posicionado para tomar decisões estratégicas e implementar ações eficazes que atendam às necessidades do seu público-alvo.

Análise do mercado e necessidades dos clientes

Para começar, entender o segmento de clientes é essencial para o sucesso de qualquer negócio. No entanto, identificar os segmentos de clientes e definir personas e perfis de clientes não são suficientes. É importante também realizar uma análise do mercado e das necessidades específicas dos clientes dentro de cada segmento.

A análise do mercado consiste em avaliar o ambiente em que a empresa está inserida. Isso envolve examinar fatores como concorrência, fornecedores, tendências de mercado, economia e regulamentações. Essa análise permitirá que você compreenda o contexto em que sua empresa opera e identifique as oportunidades e ameaças que podem impactar seus clientes.

Por outro lado, analisar as necessidades dos clientes é fundamental para oferecer produtos ou serviços que atendam às suas expectativas. Aqui estão algumas etapas para realizar essa análise:

Pesquisa de mercado: Realize pesquisas para coletar dados sobre as preferências, necessidades e comportamentos dos clientes. Isso pode ser feito por meio de questionários, entrevistas ou análise de dados secundários. A pesquisa de mercado ajudará a identificar padrões e tendências nos diferentes segmentos de clientes.

Análise competitiva: Analise seus concorrentes para entender como eles atendem às necessidades dos clientes. Identifique os pontos fortes e fracos deles em relação aos seus produtos ou serviços. Essa análise o ajudará a identificar áreas de oportunidade e a diferenciar seu negócio da concorrência.

Análise do ciclo de vida do cliente: Entender o ciclo de vida do cliente é crucial para direcionar seus esforços de marketing. Identifique as diferentes etapas que os clientes passam, desde a descoberta do produto até a fidelidade à marca. Isso ajudará você a desenvolver estratégias específicas para cada fase e a oferecer produtos ou serviços que acompanhem as necessidades em constante evolução dos clientes.

Análise de feedback dos clientes: Colete e analise o feedback dos clientes regularmente. Isso pode ser feito por meio de pesquisas de satisfação, revisões online ou análise de mídia social. O feedback dos clientes fornecerá informações valiosas sobre como você está atendendo às suas necessidades e como pode melhorar.

Avaliação das tendências de mercado: Esteja atento às tendências de mercado, como mudanças tecnológicas, preferências do consumidor ou novas regulamentações. Isso o ajudará a antecipar as necessidades futuras dos clientes e a se adaptar rapidamente às mudanças do mercado.

Lembre-se de que a análise do mercado e das necessidades dos clientes é um processo contínuo. À medida que o mercado e as necessidades dos clientes evoluem, é importante manter-se atualizado e ajustar suas estratégias de acordo. Dessa forma, você poderá fornecer produtos ou serviços que atendam às necessidades específicas de cada segmento de clientes, aumentando sua vantagem competitiva e maximizando o sucesso do seu negócio.

Proposta de Valor

Entendendo o conceito de proposta de valor

A proposta de valor é um conceito fundamental para o sucesso de qualquer negócio. Ela se refere à proposta única que uma empresa oferece aos seus clientes, ou seja, o que a torna especial, diferente e valiosa em relação à concorrência.

1. O que é proposta de valor?

A proposta de valor é uma promessa de benefícios que uma empresa faz para seus clientes. Ela representa o conjunto de vantagens, soluções, produtos ou serviços que a empresa oferece para atender às necessidades e desejos específicos do seu público-alvo. A proposta de valor deve ser clara, objetiva e capaz de se destacar no mercado.

Por que a proposta de valor é importante?

Uma proposta de valor bem definida e comunicada é essencial para atrair e reter clientes. Ela permite que a empresa se diferencie da concorrência, conquiste a preferência dos consumidores e crie uma vantagem competitiva sustentável. Além disso, a proposta de valor também é fundamental para a construção da marca e para a fidelização dos clientes a longo prazo.

Elementos-chave da proposta de valor

Existem alguns elementos essenciais que compõem uma proposta de valor eficaz:

Segmento de clientes: É importante identificar e entender claramente o público-alvo da empresa. A proposta de valor deve ser direcionada para atender às necessidades e desejos específicos desse segmento.

Benefícios: A proposta de valor deve destacar os benefícios que a empresa oferece aos seus clientes. Estes podem incluir funcionalidades únicas do produto ou serviço, economia de tempo, redução de custos, melhoria de qualidade, entre outros.

Solução: A proposta de valor deve apresentar uma solução clara para o problema ou necessidade do cliente. Ela deve oferecer algo que seja relevante, útil e capaz de resolver o dilema do cliente.

Diferenciação: É fundamental que a proposta de valor se diferencie da concorrência. A empresa deve identificar e comunicar de forma clara o que a torna única e especial em relação aos concorrentes.

Valor percebido: A proposta de valor deve gerar valor percebido para o cliente. Isso significa que os benefícios oferecidos devem ser superiores ao preço ou esforço necessário para adquirir o produto ou serviço.

4. Definindo uma proposta de valor eficaz

Para criar uma proposta de valor eficaz, é importante seguir alguns passos:

Pesquisa de mercado: Realizar uma pesquisa aprofundada sobre o mercado, clientes e concorrentes para identificar as necessidades não atendidas e oportunidades de diferenciação.

Análise da concorrência: Estudar a concorrência para entender como eles estão se posicionando e quais são suas propostas de valor. Isso permitirá identificar brechas e oportunidades para se diferenciar.

Definição do segmento de clientes: Identificar com precisão o público-alvo e entender suas dores, necessidades e desejos.

Identificação dos benefícios e soluções: Identificar os principais benefícios que a empresa pode oferecer aos clientes e como ela pode resolver seus problemas.

Comunicação clara: Desenvolver uma mensagem clara e concisa que comunique a proposta de valor de forma eficaz aos clientes.

5. Exemplos de propostas de valor

Aqui estão alguns exemplos de propostas de valor de empresas conhecidas:

Apple: "Design inovador e tecnologia avançada para uma experiência única."

Google: "Acesso rápido e fácil às informações do mundo inteiro."

Amazon: "Maior variedade de produtos e entrega rápida."

Netflix: "Entretenimento ilimitado sob demanda, sem interrupções."

Esses exemplos mostram como empresas bem-sucedidas comunicam suas propostas de valor de maneira clara e atraente.

A proposta de valor é um elemento-chave para o sucesso de um negócio. Ela representa a promessa única que uma empresa oferece aos seus clientes e que a diferencia da concorrência. Ao entender e desenvolver uma proposta de valor eficaz, a empresa pode atrair e reter clientes, construir uma marca forte e garantir uma vantagem competitiva sustentável.

A definição clara dos principais benefícios para os clientes é fundamental para o sucesso de qualquer proposta de valor.

Conheça seu público-alvo: Antes de identificar os principais benefícios, é necessário conhecer o seu público-alvo. Realize pesquisas, entrevistas e análise de mercado para compreender as necessidades, desejos e problemas que seu público enfrenta. Essa compreensão profunda permitirá identificar os benefícios que realmente importam para os seus clientes.

Priorize os benefícios mais relevantes: Nem todos os benefícios são igualmente importantes para os clientes. É essencial identificar os benefícios que têm um impacto significativo na vida ou nos negócios dos clientes. Foque nos benefícios que resolvem problemas, oferecem soluções únicas e trazem um diferencial para o seu produto ou serviço.

Destaque o valor agregado: Além dos benefícios básicos, é importante destacar o valor agregado que seu produto ou serviço oferece. Isso pode incluir atributos como conveniência, praticidade, economia de tempo, maior eficiência, qualidade superior, experiência do usuário aprimorada, entre outros. Mostre como esses benefícios adicionais podem trazer vantagens significativas para os clientes.

Comunique de forma clara e persuasiva: Depois de identificar os principais benefícios, é hora de comunicá-los de maneira clara e persuasiva. Utilize uma linguagem simples e direta, evitando termos técnicos e jargões. Destaque os benefícios de maneira objetiva, destacando os problemas que o seu produto ou serviço resolve e os resultados positivos que ele proporciona.

Demonstre com exemplos reais: Uma maneira eficaz de destacar os benefícios é por meio dê exemplos reais. Compartilhe histórias de sucesso de clientes que se beneficiaram do seu produto ou serviço, evidenciando os resultados positivos alcançados. Isso ajuda a criar empatia e a demonstrar como seus benefícios podem ser aplicados na prática.

Esteja aberto ao feedback dos clientes: Por fim, esteja sempre aberto ao feedback dos clientes. Converse com eles, ouça suas opiniões e sugestões. Isso pode ajudar a identificar novos benefícios que talvez você não tenha considerado anteriormente. Além disso, o feedback dos clientes é valioso para aprimorar sua proposta de valor e garantir que ela continue atendendo às suas necessidades.

Levando em consideração essas estratégias, você estará melhor preparado para identificar os principais benefícios para os clientes e criar uma proposta de valor diferenciada. Lembre-se de que a proposta de valor deve ser atualizada e adaptada constantemente, à medida que as necessidades do mercado e dos clientes mudam.

A diferenciação e inovação na proposta de valor são aspectos essenciais para o sucesso de um negócio. Quando uma empresa é capaz de oferecer algo único e inovador aos seus clientes, ela se destaca da concorrência, aumenta sua vantagem competitiva e atrai mais pessoas interessadas em seus produtos ou serviços.

A diferenciação na proposta de valor refere-se à capacidade da empresa de se destacar dos concorrentes, oferecendo algo único e diferente. Isso pode ser alcançado de várias formas, como o design exclusivo de um produto, a utilização de materiais de alta qualidade, a criação de um atendimento ao cliente diferenciado, entre outros aspectos. A diferenciação é importante porque permite que a empresa seja percebida como única no mercado, atraindo a atenção dos clientes e criando valor para eles.

A inovação na proposta de valor refere-se à capacidade da empresa de criar algo totalmente novo, que ainda não existe no mercado. A inovação pode estar relacionada à criação de novos produtos ou serviços, à adoção de novas tecnologias, à implementação de processos mais eficientes, entre outros aspectos. A inovação é importante porque permite que a empresa se diferencie ainda mais da concorrência, atendendo às necessidades dos clientes de uma maneira única e original.

Para alcançar a diferenciação e inovação na proposta de valor, é importante seguir algumas estratégias. A primeira delas é conhecer muito bem o mercado e os concorrentes. É essencial entender quais são as necessidades dos clientes e como a concorrência está atendendo a essas necessidades. A partir desse conhecimento, a empresa pode identificar oportunidades de diferenciação e inovação, identificando os pontos fortes e fracos dos concorrentes e desenvolvendo soluções únicas para atender às necessidades dos clientes.

Outra estratégia importante é investir em pesquisa e desenvolvimento. Isso envolve a alocação de recursos para a criação e testes de novos produtos e serviços. Além disso, é importante estar atento às tendências do mercado e às novas tecnologias que podem ser aplicadas ao negócio. A inovação requer investimento e disposição para correr riscos, mas os resultados podem ser muito positivos a longo prazo.

A diferenciação e inovação na proposta de valor também podem ser alcançadas através da colaboração com parceiros estratégicos. Ao estabelecer parcerias com outras empresas ou profissionais especializados, é possível obter conhecimentos e recursos que podem impulsionar a diferenciação e inovação. Essas parcerias podem envolver o compartilhamento de tecnologia, a troca de conhecimentos ou a criação conjunta de novos produtos ou serviços.

Outro ponto importante é a comunicação eficaz com os clientes. É essencial que a empresa transmita de forma clara e persuasiva os benefícios e diferenciais de sua proposta de valor. Utilizar estratégias de marketing e comunicação adequadas, como a criação de uma identidade visual única, o uso de mídias sociais e a criação de conteúdos relevantes, pode ajudar a empresa a destacar-se da concorrência e atrair mais clientes interessados em sua proposta de valor diferenciada e inovadora.

Em resumo, a diferenciação e inovação na proposta de valor são estratégias importantes para o sucesso de um negócio. Ao oferecer algo único e inovador aos clientes, a empresa se destaca da concorrência, aumenta sua vantagem competitiva e atrai mais pessoas interessadas em seus produtos ou serviços. Para alcançar a diferenciação e inovação, é necessário conhecer bem o mercado e os concorrentes, investir em pesquisa e desenvolvimento, buscar parcerias estratégicas e comunicar eficazmente os benefícios e diferenciais da proposta de valor aos clientes.

Canais de Distribuição

Tipos de canais de distribuição

Existem diferentes tipos de canais de distribuição que uma empresa pode utilizar para levar seus produtos aos consumidores.

Canais de distribuição direta:

Os canais de distribuição direta envolvem a venda direta do fabricante ao consumidor, sem a utilização de intermediários. Este tipo de canal é comumente utilizado por pequenas empresas ou empresas que têm um alcance geográfico limitado. Um exemplo de canal de distribuição direta é a venda de produtos por meio de lojas físicas próprias.

Canais de distribuição indireta:

Os canais de distribuição indireta envolvem a utilização de intermediários, como atacadistas, distribuidores e varejistas, para levar o produto do fabricante ao consumidor. Esses intermediários são responsáveis pela armazenagem, transporte e venda dos produtos. Os canais de distribuição indireta são adequados para empresas que desejam alcançar um grande número de consumidores em uma área geográfica maior. Um exemplo de canal de distribuição indireta é a venda de produtos em supermercados.

Canais de distribuição seletiva:

Os canais de distribuição seletiva envolvem a seleção de distribuidores específicos para representar e vender o produto. Esses distribuidores são cuidadosamente escolhidos com base em critérios como experiência, capacidade de venda e atendimento ao cliente. Os canais de distribuição seletiva são utilizados quando a empresa deseja manter um certo nível de controle sobre a forma como seu produto é comercializado e vendido. Um exemplo de canal de distribuição seletiva é a venda de produtos eletrônicos por meio de revendedores autorizados.

Canais de distribuição exclusiva:

Os canais de distribuição exclusiva envolvem a seleção de apenas um distribuidor em uma determinada área geográfica. Esses distribuidores têm exclusividade para vender os produtos da empresa em sua área designada. Os canais de distribuição exclusiva são geralmente utilizados por empresas que possuem produtos premium ou de luxo, e desejam manter um alto nível de controle sobre a distribuição e o posicionamento de seus produtos. Um exemplo de canal de distribuição exclusiva é a venda de carros de luxo por meio de concessionárias autorizadas.

Canais de distribuição online:

Os canais de distribuição online são cada vez mais populares, especialmente com o crescimento do comércio eletrônico. Esses canais envolvem a venda de produtos pela internet, por meio de sites de comércio eletrônico, marketplaces ou lojas virtuais. Os canais de distribuição online oferecem conveniência aos consumidores e permitem que as empresas alcancem um público maior, mesmo sem uma presença física. Um exemplo de canal de distribuição online é a venda de roupas por meio de uma loja virtual.

Existem diversos tipos de canais de distribuição que uma empresa pode adotar, cada um com suas próprias características e benefícios. A escolha do canal de distribuição adequado depende das necessidades da empresa, do público-alvo e da estratégia de marketing. Ao entender os diferentes tipos de canais de distribuição, as empresas podem tomar decisões informadas e eficazes para distribuir seus produtos de forma eficiente e alcançar seus objetivos comerciais.

Análise da eficiência e custos dos canais

Uma análise criteriosa da eficiência e custos dos canais de distribuição é fundamental para garantir o sucesso de uma estratégia de distribuição. Os canais de distribuição desempenham um papel crucial na disponibilização de produtos ou serviços aos clientes finais. Portanto, entender como esses canais operam e avaliar sua eficiência é essencial para otimizar os recursos e reduzir os custos.

Existem várias técnicas e métricas que podem ser utilizadas para realizar essa análise.

1. Avaliação do desempenho do canal:

A primeira etapa para analisar a eficiência dos canais de distribuição é avaliar o desempenho de cada canal individualmente e em conjunto. É importante monitorar indicadores-chave de desempenho, como tempo de entrega, taxa de retorno de produtos, satisfação do cliente, entre outros. Esses indicadores fornecerão uma visão geral do quão eficientes os canais estão em atender às demandas dos clientes.

2. Análise de custos:

A análise de custos é uma parte essencial da análise da eficiência dos canais de distribuição. Ela permite identificar onde estão sendo alocados os recursos e como os custos podem ser otimizados. É importante considerar os custos diretos, como transporte, armazenamento e embalagem, bem como os custos indiretos, como despesas administrativas e marketing. Comparar os custos entre os diferentes canais e identificar oportunidades de redução de gastos é fundamental nesse processo.

3. Análise da cadeia de suprimentos:

A análise da cadeia de suprimentos permite entender como os diferentes elos dessa cadeia estão interconectados e como os produtos fluem através dos canais de distribuição. Identificar gargalos, ineficiências e possíveis melhorias nessa cadeia é fundamental para otimizar os canais de distribuição. Além disso, a análise da cadeia de suprimentos também permite identificar oportunidades de parcerias e colaboração entre os diferentes membros da cadeia, o que pode levar a uma maior eficiência e redução de custos.

4. Utilização da tecnologia:

A tecnologia desempenha um papel cada vez mais importante na análise da eficiência dos canais de distribuição. Ferramentas como sistemas de gestão de estoque, rastreamento logístico, análise de dados e automação podem fornecer informações valiosas para melhorar a eficiência e reduzir os custos dos canais. Portanto, é fundamental avaliar como a tecnologia pode ser utilizada para otimizar a operação dos canais de distribuição.

5. Monitoramento contínuo e ajustes:

Por fim, é importante ressaltar que a análise da eficiência dos canais de distribuição é um processo contínuo. Os mercados e as necessidades dos clientes estão sempre mudando, e, portanto, é essencial monitorar continuamente o desempenho dos canais e realizar ajustes quando necessário. Monitorar os indicadores-chave de desempenho, acompanhar as tendências do mercado e estar aberto a melhorias contínuas são aspectos fundamentais para garantir a eficiência e reduzir os custos dos canais de distribuição.

Em suma, a análise da eficiência e custos dos canais de distribuição é um processo complexo, mas crucial para o sucesso de uma estratégia de distribuição. Ao avaliar o desempenho dos canais, analisar os custos, compreender a cadeia de suprimentos, utilizar a tecnologia e realizar ajustes contínuos, é possível otimizar a operação dos canais e garantir uma distribuição eficiente e econômica dos produtos ou serviços.

Estratégias de distribuição

Uma estratégia de distribuição eficiente é essencial para o sucesso de qualquer negócio. No contexto dos canais de distribuição, existem várias estratégias que podem ser adotadas para alcançar o objetivo de levar produtos ou serviços aos consumidores finais.

1. Distribuição Intensiva:

A estratégia de distribuição intensiva envolve a disponibilidade ampla e generalizada de um produto ou serviço em vários canais de distribuição. O objetivo é maximizar a exposição, fazer com que o produto esteja disponível em muitos locais e garantir que os consumidores possam encontrá-lo facilmente. Essa estratégia é especialmente útil para produtos amplamente consumidos, como alimentos, bebidas e produtos de higiene pessoal.

Distribuição Seletiva:

Ao contrário da distribuição intensiva, a estratégia de distribuição seletiva envolve a escolha cuidadosa de canais específicos para a venda de um produto ou serviço. Isso é comum em setores onde uma rede de distribuição mais restrita é preferível, como produtos de luxo, eletrônicos de alto valor e determinadas marcas de roupas. Essa abordagem permite um controle maior sobre a imagem da marca e pode criar uma sensação exclusiva em torno do produto.

Distribuição Exclusiva:

A distribuição exclusiva é a estratégia mais restrita, na qual apenas um revendedor específico é autorizado a vender o produto ou serviço em uma determinada região ou mercado. Essa estratégia é frequentemente associada a produtos de luxo e marcas de prestígio, onde a exclusividade e a sofisticação são valorizadas. A distribuição exclusiva pode ser uma vantagem competitiva, uma vez que impede que concorrentes diretos tenham acesso ao mesmo mercado.

4. Distribuição Multicanal:

A distribuição multicanal envolve a utilização de vários canais diferentes para comercializar e vender produtos ou serviços. Isso inclui canais físicos, como lojas físicas, e-commerce, televendas, marketplaces online, entre outros. A estratégia multicanal permite alcançar diferentes perfis de consumidores e atender às suas preferências de compra. Ela também proporciona maior conveniência aos clientes, pois eles podem escolher como e onde desejam adquirir um produto.

É importante ressaltar que, independentemente da estratégia de distribuição adotada, é fundamental analisar a eficiência e os custos dos canais utilizados. Isso envolve considerar fatores como logística, armazenamento e transporte, a fim de garantir que o produto chegue aos consumidores finais de maneira oportuna e com custos razoáveis.

As estratégias de distribuição desempenham um papel fundamental no sucesso de um negócio.

Ao escolher uma estratégia adequada aos objetivos e características do produto ou serviço, é possível alcançar uma distribuição eficiente e atender às necessidades dos consumidores. Seja distribuição intensiva, seletiva, exclusiva ou multicanal, cada abordagem traz suas próprias vantagens e considerações a serem levadas em conta. Portanto, é essencial realizar uma análise cuidadosa antes de decidir a estratégia de distribuição a ser implementada.

Relacionamento com o Cliente

Tipos de relacionamento com os clientes

Existem diferentes tipos de relacionamento que uma empresa pode estabelecer com seus clientes, cada um com suas próprias características e benefícios.

Relacionamento personalizado

Neste tipo de relacionamento, a empresa busca conhecer cada cliente individualmente e oferecer um atendimento personalizado. Isso pode ser feito através do armazenamento de informações sobre as preferências e histórico de compras de cada cliente, e utilizando esses dados para personalizar ofertas e recomendações. O objetivo é fazer com que o cliente se sinta especial e valorizado, aumentando a fidelidade e o engajamento.

Relacionamento por segmento

Nessa abordagem, a empresa identifica diferentes segmentos de clientes com características e necessidades semelhantes e ajusta sua estratégia de atendimento de acordo com cada segmento. Isso permite uma comunicação mais direcionada e eficaz, pois a empresa pode adaptar sua mensagem e oferecer soluções específicas para cada grupo de clientes.

Relacionamento transacional

O relacionamento transacional é focado em uma única venda ou transação com o cliente. Nesse caso, o objetivo é oferecer uma experiência de compra rápida e eficiente, garantindo a satisfação do cliente. Embora esse tipo de relacionamento não busque um envolvimento prolongado com o cliente, é importante garantir que a experiência seja positiva, pois isso pode levar a recomendações e futuras oportunidades de venda.

Relacionamento de parceria

Nesse tipo de relacionamento, a empresa e o cliente trabalham em conjunto para alcançar objetivos mútuos. É uma abordagem mais colaborativa, onde a empresa se posiciona como um parceiro do cliente, oferecendo suporte contínuo e soluções customizadas. A ideia é construir uma relação de confiança e estreitar os laços com o cliente, tornando-se um recurso confiável para suas necessidades.

Relacionamento de autoatendimento

Com o avanço da tecnologia, muitas empresas estão investindo em plataformas de autoatendimento, onde o próprio cliente pode resolver suas dúvidas e realizar transações sem a necessidade de interações com um atendente. Nesse tipo de relacionamento, o foco está na praticidade e na autonomia do cliente, permitindo que ele tenha controle sobre sua experiência com a empresa.

Em resumo, existem diversos tipos de relacionamento com os clientes, cada um com suas particularidades e vantagens. É importante que as empresas analisem suas necessidades e objetivos para escolher a estratégia mais adequada ao seu público-alvo. Lembre-se de que não existe uma abordagem única que sirva para todas as situações, por isso é essencial valorizar a individualidade dos clientes e buscar uma aproximação personalizada.

Atendimento ao cliente e suporte

O atendimento ao cliente e suporte são elementos essenciais para o sucesso do relacionamento com o cliente.

1. Conheça o seu cliente:

Antes de oferecer qualquer tipo de atendimento ou suporte, é fundamental conhecer o seu cliente. Isso inclui entender suas necessidades, preferências e expectativas.

Realize pesquisas, análise de dados e interações para obter informações valiosas sobre o seu cliente.

Personalize o atendimento com base nas informações coletadas, proporcionando uma experiência mais satisfatória.

2. Seja cortês e empático:

Ao interagir com o cliente, seja cortês e educado em todos os momentos.

Mostre empatia e compreensão em relação aos problemas e preocupações apresentados.

Demonstre interesse genuíno pelo cliente e faça com que ele se sinta valorizado.

3. Responda prontamente:

É fundamental responder prontamente às solicitações e dúvidas dos clientes.

Estabeleça metas de tempo de resposta para garantir a eficiência e evite deixar os clientes esperando por muito tempo.

Utilize canais de comunicação adequados, como telefone, e-mail, chat ao vivo ou redes sociais, para se conectar com os clientes de maneira rápida e eficaz.

4. Ofereça soluções eficientes:

Esteja preparado para oferecer soluções eficientes para os problemas apresentados pelos clientes.

Conheça bem os produtos ou serviços que sua empresa oferece para fornecer as informações necessárias.

Se necessário, encaminhe a solicitação para um departamento ou equipe especializada que possa resolver o problema de forma adequada.

5. Mantenha registros precisos:

Mantenha registros precisos de todas as interações com os clientes.

Isso ajudará a acompanhar as necessidades e solicitações individuais, além de permitir um atendimento mais personalizado no futuro.

Utilize sistemas de gerenciamento de tickets ou CRM (Customer Relationship Management) para facilitar o registro e o acesso aos dados dos clientes.

6. Aprenda com o feedback:

Esteja aberto ao feedback dos clientes e veja isso como uma oportunidade de melhoria contínua.

Analise as críticas e sugestões dos clientes para identificar pontos fracos no atendimento e implementar melhorias.

Faça pesquisas de satisfação regularmente para medir a qualidade do atendimento e encontrar áreas que precisam de aperfeiçoamento.

7. Treine a sua equipe:

Capacite a equipe de atendimento e suporte com treinamentos regulares.

Forneça informações atualizadas sobre produtos, serviços e procedimentos para garantir que os colaboradores estejam bem informados.

Incentive o desenvolvimento de habilidades interpessoais, como comunicação eficaz, empatia e resolução de problemas.

8. Utilize tecnologia a seu favor:

Utilize tecnologia adequada para facilitar o atendimento ao cliente e suporte.

Implemente sistemas de CRM, chatbots, automação de e-mails ou outras soluções digitais que possam melhorar a eficiência do atendimento.

Esteja presente nas mídias sociais para facilitar a comunicação com os clientes e responder rapidamente às suas demandas.

Ao seguir essas diretrizes, você estará no caminho para fornecer um atendimento ao cliente e suporte de excelência, fortalecendo o relacionamento com seus clientes. Lembre-se de adaptar essas práticas à realidade da sua empresa, garantindo que o atendimento seja personalizado e eficiente.

Fidelização e retenção de clientes são dois aspectos fundamentais para o sucesso de qualquer negócio. Quando falamos de relacionamento com o cliente, é importante não apenas conquistar novos clientes, mas também manter aqueles que já confiaram na empresa.

Existem diferentes estratégias que podem ser adotadas para fidelizar e reter clientes. Abordaremos algumas das principais:

Conheça o seu cliente: O primeiro passo para criar um relacionamento duradouro com o cliente é conhecer as suas necessidades e expectativas. Faça pesquisas de mercado, entrevistas e análise de dados para entender quem são os seus clientes, o que eles buscam e como você pode atender melhor às suas demandas.

Ofereça um atendimento personalizado: Cada cliente é único e merece ser tratado de forma especial. Invista em treinamentos para a sua equipe de atendimento ao cliente, a fim de garantir que eles estejam preparados para lidar com as exigências individuais de cada cliente. Além disso, utilize sistemas de gerenciamento de relacionamento com o cliente (CRM) para acompanhar o histórico de interações e personalizar as ofertas de acordo com as preferências de cada cliente.

Surpreenda o cliente: Um dos melhores meios para fidelizar um cliente é superar as suas expectativas. Busque constantemente maneiras de surpreender positivamente os seus clientes. Isso pode ser feito oferecendo brindes exclusivos, descontos especiais ou proporcionando uma experiência diferenciada. Lembre-se de que conquistar um novo cliente é mais caro do que manter um cliente existente.

Invista em programas de fidelidade: Programas de fidelidade são uma excelente estratégia para incentivar a repetição de compras e aumentar o envolvimento dos clientes. Crie um programa que ofereça recompensas, descontos ou benefícios exclusivos para os clientes mais fiéis. Essa iniciativa não apenas incentiva a fidelização, mas também pode ser uma forma eficiente de atrair novos clientes, uma vez que os clientes satisfeitos tendem a recomendar o seu negócio para outras pessoas.

Mantenha uma comunicação constante: Demonstre aos seus clientes que você se importa com eles, mantendo uma comunicação constante. Utilize os mais diversos meios, como e-mails, mensagens de texto, newsletters, mídias sociais, entre outros, para manter os clientes informados sobre novidades, promoções e atualizações relacionadas ao seu negócio. Além disso, busque ouvir os feedbacks dos clientes e esteja disponível para resolver possíveis problemas ou dúvidas.

Monitore e avalie o seu desempenho: Por fim, não se esqueça do poder dos dados. Utilize sistemas de métricas e análise para monitorar o desempenho das suas estratégias de fidelização e retenção de clientes. Meça indicadores como o índice de satisfação, o índice de retenção, o ticket médio, entre outros, para identificar o que está funcionando e o que precisa ser ajustado.

Lembre-se de que a fidelização e retenção de clientes demandam um esforço contínuo por parte da empresa. É necessário estar sempre atento às necessidades dos clientes e buscar constantemente melhorias no relacionamento com eles. Mantendo um bom relacionamento com os seus clientes, você estará no caminho certo para impulsionar o crescimento do seu negócio.

Identificação das principais fontes de receita

A identificação das principais fontes de receita é fundamental para o sucesso de qualquer negócio. É importante saber quais são as fontes de receita mais importantes, para que seja possível direcionar os esforços e recursos de forma estratégica.

Definição de fonte de receita

Antes de identificar as principais fontes de receita, é importante entender o que realmente significa uma fonte de receita. No contexto empresarial, uma fonte de receita é a origem do dinheiro que entra no negócio. Pode ser proveniente da venda de produtos, prestação de serviços, aluguel de espaço ou qualquer outra forma de geração de receita.

Avaliar produtos e serviços

O primeiro passo para identificar as principais fontes de receita é avaliar cuidadosamente os produtos e serviços oferecidos pela empresa. É importante analisar quais são os produtos ou serviços mais procurados e que têm maior potencial de gerar receita. Considere também a margem de lucro de cada produto ou serviço, levando em conta fatores como preço de venda, custos de produção e despesas gerais.

Analisar diferentes segmentos de clientes

Um negócio pode ter diferentes segmentos de clientes, e cada um pode contribuir de forma diferente para a receita total. Analise cada segmento de clientes e identifique qual tem maior demanda pelos produtos ou serviços oferecidos, e qual está disposto a pagar um preço mais alto. Leve em consideração também o volume de vendas realizado para cada segmento.

Explorar parcerias e alianças estratégicas

Muitas vezes, as parcerias e alianças estratégicas podem ser uma fonte de receita significativa. Identifique parceiros que possam agregar valor ao negócio e explorar oportunidades de geração de receita conjunta. Isso pode incluir acordos de distribuição, licenciamento de produtos ou colaborações em projetos especiais.

Pesquisar tendências de mercado

Acompanhar as tendências de mercado é essencial para identificar novas fontes de receita. Avalie o que está em alta no mercado atualmente e se há oportunidades de capitalizar essas tendências. Isso pode envolver a criação de novos produtos ou serviços, a expansão para novos mercados ou a implementação de modelos de negócios inovadores.

Avaliar modelos de negócios de sucesso

Analisar modelos de negócios de sucesso em seu setor ou em outros setores relacionados pode fornecer insights valiosos sobre fontes de receita eficazes. Busque exemplos de empresas que obtiveram sucesso na geração de receita e identifique as estratégias que utilizaram. Adaptar essas estratégias ao seu próprio negócio pode ser uma maneira eficaz de identificar e desenvolver novas fontes de receita.

Lembre-se de que a identificação das principais fontes de receita pode ser um processo contínuo. É importante acompanhar as mudanças no mercado, na concorrência e nas preferências dos clientes e ajustar as estratégias de geração de receita conforme necessário. Esteja aberto a experimentar novas abordagens e aprimorar sempre suas fontes de receita existentes.

Estruturação de preços

Na estruturação de preços, é essencial considerar a relação com as fontes de receita para garantir a rentabilidade e o crescimento sustentável de um negócio.

1. Compreendendo a importância da estruturação de preços

A estruturação adequada dos preços é fundamental para determinar o valor de um produto ou serviço oferecido por uma empresa. Ela impacta diretamente a lucratividade e a competitividade no mercado. Portanto, entender a importância desse processo é crucial.

Análise de custos

Antes de estruturar os preços, é necessário realizar uma análise detalhada dos custos envolvidos na criação e distribuição do produto ou na prestação do serviço. Isso inclui custos de produção, logística, marketing e outros gastos operacionais. A análise de custos ajudará a determinar o mínimo necessário para cobrir todas as despesas e obter lucro.

Pesquisa de mercado

A pesquisa de mercado é parte fundamental da estruturação de preços. É necessário compreender o mercado em que a empresa está inserida, identificar a concorrência e entender a proposta de valor que o produto ou serviço oferece. Essas informações ajudarão a definir um preço competitivo e atrativo para os clientes, ao mesmo tempo em que garantem a rentabilidade.

Estabelecendo objetivos financeiros

Ao estruturar os preços, é importante ter em mente os objetivos financeiros da empresa. É necessário determinar a margem de lucro desejada, o retorno sobre o investimento (ROI) e outros indicadores financeiros relevantes. Com essas metas em mente, será possível definir preços que atendam aos objetivos da empresa.

Estratégias de precificação

Existem diferentes estratégias de precificação que podem ser exploradas. Algumas delas incluem precificação de penetração, em que o preço é estabelecido abaixo do mercado para conquistar uma fatia de mercado; precificação de valor, em que o preço reflete o valor percebido pelo cliente; e precificação dinâmica, que varia de acordo com a demanda e outros fatores.

Teste e ajuste de preços

Após estabelecer a estrutura de preços, é importante realizar testes periódicos e ajustes quando necessário. Acompanhar a resposta do mercado aos preços estabelecidos e realizar análises de rentabilidade permitirá melhorar a estruturação de preços ao longo do tempo.

Monitoramento da concorrência

É fundamental monitorar os preços praticados pela concorrência para ajustar a estrutura de preços, se necessário. Isso garantirá que a empresa esteja em linha com o mercado e possa tomar decisões estratégicas informadas.

Revisão contínua

A estruturação de preços não é um processo estático. À medida que a empresa cresce, surgem novos produtos ou serviços, e o mercado evolui, é importante revisar e ajustar a estrutura de preços regularmente. Manter-se atualizado com as tendências e necessidades do mercado ajudará a garantir uma estrutura de preços eficaz.

A estruturação de preços é um processo fundamental para o sucesso financeiro de um negócio e está intrinsecamente ligada às fontes de receita. É um processo que requer análise cuidadosa dos custos, pesquisa de mercado, definição de objetivos financeiros, implementação de estratégias de precificação e monitoramento contínuo. Ao dominar esse processo, as empresas podem maximizar sua lucratividade e manter-se competitivas no mercado.

Estratégias de monetização

Uma das partes essenciais de qualquer negócio é a capacidade de gerar receita. No mundo digital, isso é ainda mais importante, já que existem diversas estratégias de monetização que podem ser exploradas.

Publicidade: A publicidade é uma das formas mais populares de monetização online. Ao exibir anúncios em seu site, blog, aplicativo ou canal de mídia social, você tem a oportunidade de gerar receita através do pagamento de anunciantes. Existem diferentes formas de publicidade, como anúncios de display, anúncios em vídeo, anúncios nativos e anúncios patrocinados.

Marketing de afiliados: O marketing de afiliados é uma estratégia onde você promove produtos ou serviços de terceiros e, em troca, recebe uma comissão por cada venda realizada por meio de seu link de afiliado. Existem diversas plataformas de marketing de afiliados disponíveis, como a Amazon Afiliastes, o Hotmart e o ClickBank.

Produtos e serviços pagos: Oferecer produtos ou serviços pagos é outra maneira de monetizar seu negócio. Isso pode incluir treinamentos online, ebooks, consultorias, cursos, entre outros. Ao fornecer valor adicional aos seus clientes, você pode atrair pagamentos em troca.

Serviços de assinatura: A criação de um modelo de negócio baseado em assinaturas é uma estratégia de monetização cada vez mais popular. Ao oferecer conteúdos exclusivos, acesso antecipado ou benefícios especiais para membros pagantes, você pode garantir uma receita recorrente e previsível.

Venda de espaços publicitários: Se você possui um site ou blog com um bom número de visitantes, pode considerar vender espaços publicitários diretos para empresas interessadas em expor suas marcas. Isso pode incluir banners, publiposts, menções em podcasts, entre outros formatos de publicidade.

Patrocínios: Se você possui uma audiência engajada nas redes sociais, pode buscar patrocínios de marcas relacionadas ao seu nicho. Por exemplo, se você é um influenciador digital na área fitness, pode buscar parcerias com empresas de suplementos alimentares. Os patrocínios podem envolver posts pagos, promoção de produtos em suas redes, participação em eventos, entre outros.

Programas de afiliação: Além do marketing de afiliados, você também pode criar seu próprio programa de afiliação. Ao oferecer comissões para afiliados que promovam seus produtos ou serviços, você pode aumentar o alcance e a visibilidade de sua marca, além de incentivar outras pessoas a divulgarem seus produtos.

Lembre-se de sempre analisar seu público-alvo e seu nicho de mercado ao escolher as estratégias de monetização que melhor se encaixam em seu negócio. Cada modelo de negócio é único e, portanto, é importante experimentar e ajustar as estratégias para encontrar as melhores soluções para sua empresa.

Agora que você está familiarizado com diferentes estratégias de monetização relacionadas ao tema "Fontes de Receita", pode explorar essas opções e implementar as que fazem mais sentido para o seu negócio. Desejamos muito sucesso em sua jornada rumo à monetização!

Recursos Chave

Identificação dos principais recursos necessários

A identificação dos principais recursos necessários é de extrema importância para o sucesso de qualquer empreendimento.

1. Compreendendo os Recursos Chave:

Os Recursos Chave referem-se aos principais ativos e recursos que uma empresa precisa para operar. Eles podem ser tangíveis ou intangíveis, físicos ou não. Alguns exemplos comuns de Recursos Chave incluem equipamentos, tecnologia, conhecimento especializado, marcas registradas e patentes.

2. Identificando os Recursos Chave necessários:

O primeiro passo na identificação dos Recursos Chave necessários é entender as necessidades específicas do seu negócio. Analise o mercado, pesquise seus concorrentes e defina quais são os principais elementos que irão impulsionar o sucesso do seu empreendimento.

3. Recursos Chave relacionados a Recursos físicos:

São os elementos tangíveis, como máquinas, equipamentos, instalações físicas e estoques necessários para a operação do negócio. Certifique-se de identificar e listar todos os Recursos físicos necessários para alcançar seus objetivos.

4. Recursos Chave relacionados a Recursos humanos:

Os Recursos Chave relacionados à força de trabalho incluem habilidades, experiência, conhecimento especializado e competências específicas necessárias para operar e gerenciar um negócio. Identifique as funções e habilidades críticas necessárias para dar suporte às atividades do seu empreendimento.

5. Recursos Chave relacionados a Recursos financeiros:

Embora a análise de custos e investimentos já tenham sido abordados, vale a pena destacar que os Recursos Chave também envolvem aspectos financeiros. Alocar recursos financeiros adequados é essencial para garantir que o negócio opere de forma eficiente e sustentável. Considere o capital inicial necessário, o fluxo de caixa, a gestão adequada das finanças e a busca de investidores, se necessário.

6. Outros Recursos Chave a serem considerados:

Além dos recursos físicos, humanos e financeiros, existem outros elementos importantes que devem ser considerados na identificação dos Recursos Chave. Por exemplo, a tecnologia desempenha um papel fundamental em muitos negócios atualmente. Identifique as ferramentas e plataformas tecnológicas necessárias para oferecer produtos ou serviços de qualidade.

7. Avaliação contínua dos Recursos Chave:

A última etapa no processo de identificação dos Recursos Chave é realizar uma avaliação periódica para garantir que eles ainda sejam relevantes e adequados para as necessidades do negócio. À medida que o mercado e as circunstâncias mudam, é importante ajustar e atualizar os Recursos Chave conforme necessário.

Lembre-se de que a identificação dos principais recursos necessários é uma etapa crucial no planejamento e desenvolvimento de um negócio. Ao dedicar tempo e esforço para identificar e adquirir os Recursos Chave corretos, você estará aumentando suas chances de sucesso no mercado.

Na gestão de uma organização, é indispensável garantir o acesso a recursos necessários para alcançar o sucesso. Entre esses recursos, podemos destacar os recursos físicos, humanos e financeiros, que desempenham papéis fundamentais no cumprimento dos objetivos de uma empresa.

Recursos físicos:

Os recursos físicos são todos os elementos materiais ou tangíveis que a empresa utiliza para operar. Eles englobam desde as instalações físicas e equipamentos até os materiais de trabalho e estoques. Ter os recursos físicos adequados é essencial para garantir a eficiência dos processos e a entrega de produtos ou serviços de qualidade aos clientes.

Existem diversos tipos de recursos físicos, que variam de acordo com a natureza da organização. Alguns exemplos comuns incluem:

Instalações físicas: são os espaços onde a empresa desenvolve suas atividades. Podem ser escritórios, fábricas, armazéns, lojas, entre outros. É importante que essas instalações sejam adequadas ao tipo de negócio, proporcionando conforto e segurança para os funcionários e clientes.

Equipamentos: são os dispositivos utilizados para realizar as atividades da empresa. Podem ser máquinas, computadores, veículos, ferramentas, entre outros. É fundamental que esses equipamentos sejam modernos e estejam em bom estado de funcionamento, para garantir a eficiência produtiva e minimizar possíveis problemas operacionais.

Materiais de trabalho: são os insumos necessários para a produção dos produtos ou prestação dos serviços. Podem ser matérias-primas, componentes, embalagens, entre outros. É importante garantir a disponibilidade e a qualidade desses materiais, de forma a não comprometer a produção ou a entrega ao cliente.

Recursos humanos:

Os recursos humanos referem-se às pessoas que compõem a força de trabalho da empresa. São os colaboradores, sejam eles funcionários, parceiros ou terceirizados. Ter uma equipe qualificada e motivada é essencial para o sucesso de qualquer organização.

Alguns aspectos importantes relacionados aos recursos humanos incluem:

Competências e habilidades: cada colaborador possui um conjunto de competências e habilidades que contribuem para o desempenho das atividades da empresa. É importante identificar as competências necessárias para cada função e garantir que os colaboradores as possuam. Além disso, investir na capacitação e no desenvolvimento profissional é fundamental para manter a equipe atualizada e produtiva.

Motivação e engajamento: colaboradores motivados e engajados são mais produtivos e contribuem para o bom ambiente de trabalho. É importante oferecer incentivos, como programas de reconhecimento, benefícios e oportunidades de crescimento, além de promover uma cultura organizacional que valorize o trabalho em equipe e a participação ativa dos colaboradores.

Liderança: a liderança é fundamental para coordenar e orientar a equipe de trabalho. É importante contar com líderes capacitados, que saibam motivar, inspirar e guiar os colaboradores, além de promover a comunicação eficiente e a resolução de conflitos.

Recursos financeiros:

Os recursos financeiros dizem respeito aos recursos monetários necessários para a operação da empresa. Eles englobam o capital inicial para investimentos, o capital de giro para manter as atividades em funcionamento e o retorno financeiro esperado.

Alguns aspectos relevantes sobre os recursos financeiros são:

Capital inicial: é o montante de recursos necessários para iniciar a empresa ou expandir suas operações. Esse capital pode vir de investidores, empréstimos bancários ou recursos próprios dos sócios. É importante fazer um planejamento detalhado dos investimentos necessários, identificar as melhores fontes de financiamento e calcular o retorno esperado para garantir a viabilidade do negócio.

Capital de giro: refere-se aos recursos necessários para manter as atividades diárias da empresa. Inclui aquisição de estoques, pagamento de salários, despesas operacionais, entre outros. É fundamental fazer uma gestão eficiente desse capital, controlando os prazos de pagamento e recebimento, para garantir o equilíbrio financeiro da empresa.

Análise financeira: deve-se realizar uma análise constante da situação financeira da empresa, monitorando receitas, despesas, rentabilidade e indicadores de liquidez. Isso permitirá tomar decisões estratégicas e eficientes, visando a saúde financeira da organização.

A gestão adequada dos recursos físicos, humanos e financeiros é fundamental para o sucesso de uma organização. Ao reconhecer a importância desses recursos chave e adotar práticas eficientes de gerenciamento, é possível otimizar os processos internos, garantir a satisfação dos clientes e obter melhores resultados financeiros.

Para garantir o sucesso de qualquer empreendimento, é crucial realizar uma análise cuidadosa dos custos e investimentos envolvidos. A análise de custos e investimentos permite identificar os recursos necessários e os riscos financeiros associados a um projeto.

Levantamento dos custos: Comece identificando todos os custos envolvidos no projeto. Isso inclui custos iniciais, como aquisição de equipamentos, contratação de pessoal, treinamento e investimentos em tecnologia. Liste todos os custos diretos e indiretos relacionados aos recursos chave e destaque aqueles que são mais significativos.

Identificação das fontes de receita: É importante estimar as fontes de receita que irão financiar o projeto. Considere vendas de produtos, serviços ou outras formas de geração de receita. Avalie a viabilidade dessas fontes de receita em relação aos custos identificados anteriormente.

Análise de viabilidade: Com base nos custos e receitas estimados, realize uma análise de viabilidade para determinar se o projeto é financeiramente sustentável. Calcule indicadores como o Valor Presente Líquido (VPL), a Taxa Interna de Retorno (TIR) e o Período de Payback. Essas métricas irão ajudá-lo a avaliar se o projeto é viável ou se é necessário realizar ajustes nos custos ou nas fontes de receita.

Gerenciamento de riscos: Identifique os riscos financeiros associados ao projeto e desenvolva estratégias para mitigá-los. Por exemplo, é possível reduzir custos através de negociações com fornecedores, realocação de recursos ou implementação de políticas de controle de gastos. Também é importante considerar possíveis imprevistos que possam afetar as fontes de receita e planejar medidas para minimizar seus impactos.

Monitoramento contínuo: Uma vez que o projeto esteja em andamento, é essencial acompanhar regularmente os custos e receitas. Isso permitirá identificar eventuais desvios em relação ao planejado e tomar medidas corretivas, se necessário. Utilize ferramentas de controle financeiro para facilitar o monitoramento e a tomada de decisões baseada em dados.

Realizar uma análise de custos e investimentos em relação aos recursos chave é fundamental para garantir a sustentabilidade financeira de um projeto. Seguindo essas etapas, você poderá identificar os custos envolvidos, estimar as receitas esperadas, avaliar a viabilidade financeira e gerenciar os riscos associados. O monitoramento contínuo também é essencial para garantir o sucesso do empreendimento a longo prazo. Lembre-se de revisar e atualizar regularmente sua análise de custos e investimentos, conforme o projeto evolui e novos desafios ou oportunidades surgem.

Atividades Chave

Identificação das principais atividades do negócio

As atividades chave de um negócio representam as principais tarefas que garantem o funcionamento e sucesso da empresa. Identificar corretamente essas atividades é essencial para o planejamento estratégico e a gestão eficiente do empreendimento.

Entendendo o conceito de atividades chave:

As atividades chave são as ações operacionais que uma empresa deve executar para entregar valor aos seus clientes e sustentar seu modelo de negócio. Essas atividades estão intimamente relacionadas com o segmento de mercado e devem ser desempenhadas de forma eficiente e eficaz. Identificar e entender essas atividades é fundamental para o alinhamento estratégico e a otimização do desempenho organizacional.

Análise do modelo de negócio:

A primeira etapa para identificar as principais atividades do negócio é realizar uma análise detalhada do modelo de negócio da empresa. Isso envolve compreender como a empresa cria, entrega e captura valor. Desse modo, você pode identificar os principais processos e áreas de foco que são essenciais para o funcionamento da empresa.

Entrevistas e brainstorming:

Uma vez que o modelo de negócio esteja claro, é importante envolver as pessoas chave da organização, incluindo funcionários, gerentes e líderes, em um processo de entrevistas e brainstorming. Essa etapa busca obter insights valiosos sobre as atividades que são consideradas cruciais para o sucesso do negócio. Promova discussões abertas e estimule a participação de todos os envolvidos.

Mapeamento dos processos:

O próximo passo é mapear os processos-chave da organização. Isso envolve identificar cada etapa e atividade relacionada à entrega de valor e ao funcionamento do negócio. O mapeamento dos processos permite entender como todas as atividades se relacionam e como elas se encaixam no fluxo de trabalho da empresa.

Priorização das atividades chave:

Após mapear os processos, é necessário realizar uma análise de priorização das atividades. Identifique quais são as atividades que realmente agregam valor aos clientes e são fundamentais para o funcionamento do negócio. É importante distinguir entre as atividades essenciais e as atividades secundárias, eliminando qualquer atividade que não seja realmente necessária.

Monitoramento e melhoria contínua:

Uma vez que as atividades chaves tenham sido identificadas e priorizadas, é necessário estabelecer um sistema de monitoramento contínuo para garantir que essas atividades sejam executadas de forma eficiente e estejam alinhadas com os objetivos da empresa. Realize análises periódicas para identificar pontos de melhoria e oportunidades de automação e otimização das atividades.

A importância da atualização constante:

Por fim, lembre-se de que as atividades chave de um negócio podem mudar ao longo do tempo. Novas tecnologias, mudanças nos hábitos dos clientes e o surgimento de novos concorrentes podem afetar o cenário em que a empresa opera. Por isso, é essencial manter-se atualizado e revisar regularmente as atividades chave identificadas, garantindo que elas continuem relevantes e alinhadas com as necessidades em constante evolução do negócio.

Ao seguir os passos acima e realizar uma análise aprofundada, você será capaz de identificar as principais atividades do negócio de forma eficiente e eficaz. Isso permitirá que você tome decisões estratégicas e implemente melhorias em processos-chave, contribuindo para o sucesso e crescimento sustentável da empresa.

Os processos-chave e o fluxo de trabalho são elementos fundamentais para o bom funcionamento de uma empresa.

1. Mapeamento dos processos-chave:

O primeiro passo para entender e melhorar o fluxo de trabalho é identificar quais são os processos-chave da sua empresa. Esses processos são aqueles que são essenciais para a realização das atividades e para o alcance dos objetivos do negócio. Eles podem variar de acordo com o tipo de empresa e sua área de atuação.

Identificação das atividades-chave:

Com os processos-chave mapeados, é hora de identificar as atividades-chave relacionadas a

cada um deles. As atividades-chave são aquelas que precisam ser executadas de forma precisa e eficiente para garantir o bom funcionamento do processo. Elas podem incluir a produção de um produto, a prestação de um serviço, a gestão financeira, entre outros.

Organização do fluxo de trabalho:

Uma vez identificadas as atividades-chave, é importante organizar o fluxo de trabalho de forma lógica e eficiente. Isso envolve determinar a ordem das atividades, definir responsabilidades, estabelecer prazos e garantir a comunicação adequada entre os envolvidos. Essa organização contribui para evitar atrasos, retrabalho e desperdício de recursos.

Automação e otimização das atividades:

Para agilizar e melhorar o fluxo de trabalho, é possível utilizar a automação e a otimização das atividades através de ferramentas tecnológicas. A automação consiste em utilizar softwares e sistemas para realizar tarefas repetitivas e burocráticas, liberando tempo e recursos para atividades mais estratégicas. Já a otimização envolve a análise e melhoria contínua dos processos, identificando gargalos, eliminando etapas desnecessárias e buscando a eficiência máxima.

Monitoramento e ajustes:

Após a implementação das melhorias no fluxo de trabalho, é importante acompanhar de perto o seu desempenho e realizar ajustes quando necessário. O monitoramento permite identificar possíveis problemas e garantir que as atividades-chave estejam sendo executadas de acordo com o planejado. Caso sejam identificadas falhas ou oportunidades de melhoria, é importante realizar os ajustes necessários para manter o fluxo de trabalho eficiente.

Automação e otimização das atividades

A automação e a otimização são estratégias importantes para aumentar a eficiência, reduzir erros e liberar recursos para tarefas mais estratégicas. Vamos ver como podemos aplicar essas estratégias em diferentes contextos, visando melhorar o desempenho dos processos empresariais.

Identificação das atividades-chave

Antes de embarcarmos na automação e otimização das atividades, é essencial identificar quais são as atividades-chave da empresa. Elas são aquelas que agregam valor ao negócio e são essenciais para o funcionamento adequado da organização. O primeiro passo é fazer uma análise detalhada das atividades existentes, identificar aquelas que são responsáveis pelo sucesso da empresa e que não podem ser negligenciadas.

Automação de atividades

A automação consiste em utilizar tecnologias e ferramentas para realizar tarefas de forma automatizada, sem intervenção humana. Ao automatizar as atividades-chave, é possível ganhar rapidez, eficiência e reduzir a incidência de erros.

Existem várias ferramentas disponíveis para a automação de atividades. Por exemplo, é possível utilizar softwares de gestão que automatizam processos de controle e gerenciamento, como a gestão de estoque, o controle de vendas e o faturamento. Além disso, a automação de atividades também pode envolver o uso de robôs virtuais, inteligência artificial e machine learning.

3. Otimização das atividades

A otimização das atividades consiste em melhorar os processos existentes, eliminando etapas desnecessárias, reduzindo o tempo de execução e aumentando a eficiência. Para otimizar as atividades-chave, é necessário analisar os processos, identificar gargalos e buscar soluções para minimizar ou eliminar esses gargalos.

Uma abordagem comum para a otimização de atividades é a aplicação da metodologia Lean, que busca eliminar o desperdício, melhorar a qualidade e aumentar a produtividade. A análise de dados e o uso de indicadores de desempenho também são importantes ferramentas para identificar oportunidades de melhoria e monitorar o progresso obtido.

4. Integração de sistemas

Outro aspecto importante na automação e otimização das atividades é a integração de sistemas. Muitas vezes, as atividades-chave estão distribuídas em diferentes sistemas e departamentos, o que pode resultar em duplicação de esforços e lentidão nos processos.

A integração de sistemas permite que as atividades sejam realizadas de forma mais rápida e eficiente, com troca de informações em tempo real. Por exemplo, é possível integrar o sistema de gestão de estoque com o sistema de vendas para que as informações sejam atualizadas automaticamente. Dessa forma, é possível agilizar o processo de venda e reduzir erros causados pela falta de comunicação entre os sistemas.

5. Monitoramento e melhoria contínua

Por fim, é importante ressaltar que a automação e otimização das atividades são processos contínuos. Após implementar as melhorias, é necessário monitorar os resultados obtidos e buscar oportunidades adicionais de melhoria.

O uso de indicadores de desempenho é fundamental nesse processo, pois permite avaliar se as melhorias foram efetivas e monitorar continuamente o desempenho dos processos. Além disso, é importante manter uma cultura de melhoria contínua, incentivando as equipes a buscar constantemente maneiras de otimizar as atividades-chave.

A automação e otimização das atividades-chave são estratégias essenciais para aumentar a eficiência e o desempenho de uma empresa. Ao identificar as atividades-chave, automatizá-las, otimizá-las e integrar sistemas, é possível obter ganhos significativos em termos de produtividade, qualidade e satisfação do cliente.

No entanto, é importante destacar que a automação e otimização não são processos únicos, mas sim contínuos. Monitorar os resultados e buscar constantemente melhorias são atividades fundamentais para garantir que a empresa esteja sempre na vanguarda da eficiência operacional.

Parcerias Chave

Identificação das principais parcerias estratégicas

As parcerias estratégicas desempenham um papel crucial no sucesso de uma organização, permitindo que ela alcance seus objetivos de negócios de forma mais eficiente e eficaz.

Identificar a Necessidade de Parcerias Estratégicas:

Antes de iniciar a busca por parcerias, é importante identificar as áreas do seu negócio que podem se beneficiar de uma colaboração estratégica. Isso pode incluir, por exemplo, a identificação de lacunas nas competências internas, a busca por acesso a novos mercados ou o desejo de aumentar a eficiência operacional.

Pesquisar e Avaliar Potenciais Parceiros:

Uma vez identificada a necessidade de parcerias estratégicas, é hora de pesquisar e avaliar potenciais parceiros. Isso pode ser feito por meio de pesquisas de mercado, participação em eventos e feiras do setor, além de contatos pessoais e recomendações.

Durante essa etapa, é importante levar em consideração fatores como reputação, experiência, capacidade financeira e compatibilidade cultural. Além disso, é essencial alinhar os objetivos e interesses das duas organizações para garantir uma parceria de longo prazo bem-sucedida.

Estabelecer e Gerenciar Parcerias Estratégicas:

Após identificar potenciais parceiros, é necessário estabelecer e gerenciar a parceria estratégica de forma eficaz. Isso envolve a negociação de acordos e termos, a definição de responsabilidades e expectativas mútuas, além da criação de uma estrutura de comunicação e controle adequada.

Durante a realização da parceria, é importante manter uma comunicação aberta e transparente, estabelecer metas e avaliar regularmente o desempenho da parceria. Também é fundamental resolver quaisquer problemas ou desafios que possam surgir ao longo do caminho, garantindo a continuidade e o sucesso da colaboração.

Avaliar o desempenho da parceria:

Por fim, é essencial avaliar regularmente o desempenho da parceria estratégica para garantir que os objetivos de negócios sejam alcançados. Isso pode ser feito por meio do monitoramento de indicadores-chave de desempenho (KPIs), a realização de pesquisas de satisfação e a coleta de feedback dos parceiros.

Com base nessa avaliação, ajustes e melhorias podem ser feitos para aprimorar a parceria e garantir sua relevância contínua para ambas as organizações.

Lembre-se de que a identificação das principais parcerias estratégicas é um processo contínuo e dinâmico, que exige tempo, esforço e dedicação. No entanto, quando bem executado, pode se tornar um recurso valioso para impulsionar o crescimento e a competitividade de uma organização.

Vantagens e benefícios das parcerias

As parcerias chave desempenham um papel fundamental no sucesso de um negócio. Quando um negócio se associa a outras empresas para alcançar objetivos comuns, uma série de vantagens e benefícios podem ser alcançados. Acesso a recursos complementares:

Uma das principais vantagens das parcerias chave é o acesso a recursos complementares. Cada empresa possui suas próprias habilidades, conhecimentos e recursos. Ao se unirem, essas empresas podem combinar seus recursos e competências para criar uma sinergia que beneficie ambas. Por exemplo, uma empresa pode ter expertise em tecnologia, enquanto outra tem expertise em marketing. Ao se unirem, elas podem criar produtos ou serviços inovadores que atendam às necessidades dos clientes.

Redução de custos:

Outra vantagem das parcerias chave é a redução de custos. Ao se unir com outras empresas, é possível compartilhar os custos de desenvolvimento, produção e distribuição de produtos ou serviços. Isso pode levar a uma maior eficiência operacional e redução de custos, beneficiando todas as partes envolvidas. Além disso, a criação de parcerias pode permitir a divisão de riscos financeiros entre as empresas envolvidas.

Aumento da competitividade:

As parcerias chave podem aumentar a competitividade de uma empresa no mercado. Ao unir forças com outras empresas, é possível criar uma proposta de valor única que se destaque da concorrência. Isso pode incluir a combinação de diferentes produtos, a oferta de serviços integrados ou o acesso a mercados e clientes antes inexplorados. Com uma parceria chave sólida, as empresas envolvidas podem se beneficiar mutuamente e ganhar vantagem competitiva.

Acesso a novos mercados e clientes:

Outra vantagem das parcerias chave é o acesso a novos mercados e clientes. Uma empresa pode ter dificuldade em entrar em um novo mercado ou alcançar um novo segmento de clientes por conta própria. No entanto, ao criar uma parceria com uma empresa que já possui presença nesse mercado ou clientes nesse segmento, é possível expandir rapidamente os horizontes e alcançar potenciais consumidores. Isso pode levar a um aumento nas vendas e na geração de receita.

Compartilhamento de conhecimentos e aprendizado:

As parcerias chave também proporcionam uma oportunidade para o compartilhamento de conhecimentos e aprendizado. Ao se associar a outras empresas, é possível trocar experiências, ideias e melhores práticas. Isso pode levar a um enriquecimento mútuo e ao desenvolvimento de novas habilidades e capacidades. O aprendizado conjunto pode impulsionar a inovação e promover a evolução contínua das empresas envolvidas.

Em conclusão, as parcerias chave oferecem uma série de vantagens e benefícios para as empresas envolvidas. Elas permitem o acesso a recursos complementares, redução de custos, aumento da competitividade, acesso a novos mercados e clientes, além do compartilhamento de conhecimentos e aprendizado. Ao aproveitar essas vantagens, as empresas podem fortalecer sua posição no mercado e alcançar o sucesso de longo prazo.

Estratégias de alianças e colaborações

Na construção de parcerias chave estratégicas, é essencial considerar e desenvolver as melhores estratégias de alianças e colaborações. Essas estratégias podem melhorar a eficiência, promover a inovação e aumentar a competitividade das empresas envolvidas.

Compartilhamento de recursos: Uma estratégia importante é o compartilhamento de recursos entre as empresas parceiras. Isso pode envolver a compartilhamento de infraestrutura, como instalações e equipamentos, ou mesmo o compartilhamento de conhecimento e expertise. Ao compartilhar recursos, as empresas podem reduzir custos, minimizar riscos e aproveitar melhor suas capacidades.

Cooperação em pesquisa e desenvolvimento: Outra estratégia é a cooperação em pesquisa e desenvolvimento (P&D), onde as empresas parceiras trabalham juntas para desenvolver novos produtos, serviços ou soluções. Ao colaborar nesta área, as empresas podem compartilhar conhecimento, recursos e experiência, acelerando o processo de inovação e obtenção de vantagens competitivas.

Co-branding: O co-branding é uma estratégia que envolve a criação de uma parceria de marca entre duas ou mais empresas. Nesta estratégia, as empresas aproveitam a reputação e o reconhecimento mútuo de suas marcas para promover conjuntamente seus produtos ou serviços. O co-branding pode ser uma forma eficaz de alcançar um público maior e aumentar a visibilidade de ambas as empresas.

Joint Ventures: As joint ventures são acordos de colaboração mais abrangentes e duradouros entre empresas, onde uma entidade separada é criada para realizar um projeto específico. Nesse modelo, as empresas parceiras têm participação acionária e compartilham recursos, riscos e lucros. As joint ventures podem ser um meio eficaz de combinar a expertise e os recursos de diferentes empresas para alcançar objetivos comuns.

Integração vertical: A estratégia de integração vertical envolve a expansão das atividades de uma empresa ao longo da cadeia de valor, seja por meio de aquisições ou estabelecendo parcerias com empresas em estágios anteriores ou posteriores da cadeia de suprimentos. Essa estratégia pode aumentar a eficiência operacional, reduzir custos, melhorar o controle sobre qualidade e suprimentos e otimizar a coordenação entre empresas parceiras.

Alianças estratégicas com concorrentes: Embora possa parecer contraditório, uma estratégia viável é a formação de alianças estratégicas com concorrentes. Nessa abordagem, empresas concorrentes estabelecem uma colaboração que pode gerar benefícios mútuos, como a redução de custos, compartilhamento de conhecimentos ou ação conjunta em questões específicas de mercado. O objetivo é encontrar áreas de cooperação onde ambos os lados possam se beneficiar, ao mesmo tempo que mantêm a competição em outras áreas.

Ao desenvolver estratégias de alianças e colaborações, é importante considerar a complementaridade e a sinergia entre as empresas parceiras, bem como os objetivos de longo prazo que desejam alcançar. É recomendável também estabelecer claramente os termos e condições da colaboração, bem como as regras de tomada de decisão, comunicação e compartilhamento de responsabilidades.

Essas são algumas das estratégias de alianças e colaborações que podem ser aplicadas no contexto das parcerias chave. Lembre-se de que cada parceria é única e requer a adaptação dessas estratégias às necessidades e objetivos das empresas envolvidas. Ao escolher as melhores estratégias, é importante considerar os recursos, a cultura organizacional e a os valores compartilhados entre as empresas parceiras.

Estrutura de Custos

Identificação e classificação dos custos

O processo de identificação e classificação dos custos é fundamental para uma correta estruturação dos gastos em uma organização. Custos Fixos e Variáveis:

Os custos podem ser classificados em fixos e variáveis. Custos fixos são aqueles que permanecem constantes independentemente do volume de produção ou vendas, como aluguel, depreciação, salários fixos etc. Já os custos variáveis são diretamente proporcionais ao volume e atividade da empresa, ou seja, aumentam conforme a produção e vendas aumentam, como matérias-primas, comissões e embalagens.

Custos Diretos e Indiretos:

Outra forma de classificação dos custos é em diretos e indiretos. Custos diretos são aqueles que podem ser diretamente alocados a um determinado produto ou serviço. Por exemplo, em uma indústria de chocolate, a quantidade de cacau utilizada é um custo direto, já que pode ser rastreado para cada barra de chocolate produzida. Já os custos indiretos são aqueles que não podem ser diretamente alocados a um produto ou serviço específico, como a energia elétrica consumida por toda a fábrica.

Custos Fixos e Variáveis na Estrutura de Custos:

Dentro da estrutura de custos, é importante entender como os custos fixos e variáveis se relacionam. Os custos fixos são parte dos custos que a organização precisa arcar independentemente de ter ou não vendas. Por outro lado, os custos variáveis estão diretamente ligados à produção e vendas da empresa. Essa diferenciação é fundamental para auxiliar na análise da viabilidade financeira.

Importância da Identificação e Classificação dos Custos:

A identificação e classificação correta dos custos são essenciais para várias decisões gerenciais, como a formação de preços, o controle de gastos e a análise do desempenho financeiro da empresa. Com a correta identificação dos custos, é possível determinar quais são os gastos mais relevantes e como eles impactam na margem de lucro. Além disso, a classificação dos custos auxilia na separação entre custos que podem ser controlados e custos que são fixos e não podem ser reduzidos.

5. Exercício Prático:

Para melhor compreensão dos conceitos apresentados, vamos realizar um exercício prático. Considere uma loja de roupas que tem os seguintes custos mensais:

Aluguel da loja: R$ 5.000,00 (Custo Fixo)

Salário do gerente: R$ 3.000,00 (Custo Fixo)

Comissões dos vendedores: 5% sobre as vendas (Custo Variável)

Matéria-prima para confecção das roupas: R$ 2.000,00 (Custo Variável)

Neste exemplo, os custos fixos são o aluguel da loja e o salário do gerente, pois não variam de acordo com as vendas. Já as comissões dos vendedores e a matéria-prima são custos variáveis, pois estão diretamente relacionados às vendas e à produção. Concluindo, a identificação e classificação dos custos são etapas importantes para a análise e gestão financeira de uma organização. Com uma análise detalhada dos custos fixos e variáveis, é possível tomar decisões mais acertadas, controlar gastos e identificar oportunidades de otimização financeira.

Análise de viabilidade financeira

Para realizar uma análise de viabilidade financeira, é fundamental compreender a estrutura de custos de um projeto ou negócio.

1. Definição e Importância da Análise de Viabilidade Financeira:

A análise de viabilidade financeira é uma avaliação criteriosa das perspectivas de retorno financeiro de um investimento.

Ela é essencial para tomar decisões informadas e embasadas sobre a viabilidade e sustentabilidade de um projeto.

2. Estrutura de Custos:

A estrutura de custos refere-se à distribuição dos custos em diferentes categorias e componentes dentro de um projeto.

Os custos podem ser divididos em custos fixos e custos variáveis.

Custos fixos são aqueles que permanecem constantes, independentemente do nível de produção ou venda.

Custos variáveis estão diretamente relacionados à produção ou venda de um produto ou serviço e alteram-se de acordo com o volume de atividades.

3. Identificação e Classificação dos Custos:

A identificação e classificação adequada dos custos são fundamentais para uma análise de viabilidade financeira precisa.

Os custos podem ser classificados em categorias como custos de produção, custos operacionais, custos administrativos, entre outros.

É importante realizar um levantamento detalhado de todos os custos relevantes para o negócio ou projeto em questão.

4. Redução de Custos e Otimização Financeira:

A redução de custos e a otimização financeira são estratégias para aumentar a eficiência e a rentabilidade de um negócio.

Estas estratégias podem envolver a identificação de custos desnecessários, a negociação com fornecedores, a implementação de processos mais eficientes, entre outras ações.

5. Análise de Viabilidade Financeira:

Para realizar a análise de viabilidade financeira, é necessário considerar fatores como os fluxos de caixa projetados, o TIR (Taxa Interna de Retorno), o prazo de retorno do investimento, entre outros indicadores financeiros.

É importante também levar em conta os riscos e incertezas envolvidos no projeto, utilizando técnicas como a análise de sensibilidade e simulações.

A análise de viabilidade financeira é uma etapa crucial no processo de tomada de decisão de qualquer novo projeto ou negócio.

A compreensão da estrutura de custos e a análise adequada dos indicadores financeiros são elementos essenciais para essa avaliação.

Para obter sucesso nos negócios, é fundamental compreender e gerenciar de forma eficaz a estrutura de custos da empresa. A redução de custos e a otimização financeira são estratégias fundamentais para aumentar a eficiência operacional e maximizar o lucro. Avalie a estrutura de custos atual:

Antes de tomar qualquer ação, é essencial realizar uma análise profunda da estrutura de custos atual da empresa. Identifique todas as despesas e categorize-as em grupos relevantes, como custos diretos, custos indiretos, fixos e variáveis. Isso ajudará a obter uma visão clara dos principais impulsionadores dos custos e permitirá uma identificação mais precisa das áreas que precisam de atenção.

Estabeleça metas de redução de custos:

Com base na análise da estrutura de custos atual, estabeleça metas realistas de redução de custos. Essas metas devem ser específicas, mensuráveis, atingíveis, relevantes e baseadas em um cronograma definido. Estabelecer metas claras permitirá que você meça e monitore seu progresso ao longo do tempo.

Identifique custos desnecessários:

Reveja cuidadosamente todos os custos da empresa e identifique aqueles que são desnecessários ou que não agregam valor significativo ao negócio. Isso pode incluir despesas com publicidade ineficaz, contratos desnecessários, desperdício de matérias-primas, entre outros. Elimine ou reduza esses custos para alcançar uma economia significativa.

Negocie com fornecedores:

Não tenha medo de negociar com seus fornecedores em busca de melhores condições e preços mais vantajosos. Pesquise o mercado e compare diferentes opções antes de tomar uma decisão. Considere também a possibilidade de estabelecer parcerias estratégicas que possam resultar em vantagens mútuas.

Adote a tecnologia:

Utilize a tecnologia a seu favor para otimizar processos e reduzir custos. A automação de tarefas manuais e repetitivas pode aumentar a eficiência operacional e reduzir significativamente os custos a longo prazo. Além disso, invista em sistemas de gestão financeira e ferramentas de análise de dados para melhorar a tomada de decisões baseada em informações concretas.

Realize uma gestão eficiente de estoque:

Um estoque excessivo pode resultar em custos desnecessários relacionados a armazenagem e obsolescência de produtos. Por outro lado, ter um estoque insuficiente pode levar a perdas de vendas e insatisfação dos clientes. Portanto, é essencial realizar uma gestão eficiente de estoque, utilizando métodos como o just-in-time (JIT) e a análise ABC para identificar produtos de maior relevância e melhorar a gestão dos níveis de estoque.

Incentive a cultura de redução de custos:

Para obter resultados sustentáveis, é importante envolver toda a equipe na busca por redução de custos. Promova uma cultura organizacional que valorize a eficiência, o uso consciente dos recursos e a busca constante por melhorias. Incentive a participação dos colaboradores na identificação de oportunidades de economia e recompense iniciativas bem-sucedidas.

Monitore e ajuste constantemente:

A redução de custos e a otimização financeira são processos contínuos.

Monitore regularmente suas finanças e compare-as com as metas estabelecidas. Realize ajustes necessários conforme necessário e faça revisões periódicas para garantir que as melhorias sejam sustentadas ao longo do tempo.

Lembre-se de que a eficácia dessas estratégias dependerá de uma análise cuidadosa da estrutura de custos existente e de uma implementação consistente ao longo do tempo.

Benefícios e aplicações do Modelo Business Canvas

O Modelo Business Canvas é uma ferramenta poderosa que auxilia empreendedores e empresas a desenvolverem e analisarem seus modelos de negócio.

Identificação de oportunidades de negócio:

Uma das principais vantagens do Modelo Business Canvas é que ele permite a identificação clara e sistemática de oportunidades de negócio. Ao preencher cada bloco do canvas, como segmento de clientes, proposta de valor, canais, fontes de renda, entre outros, é possível visualizar todas as áreas em que a empresa pode inovar e se destacar no mercado.

Análise e validação de ideias:

Outro benefício do Modelo Business Canvas é a possibilidade de analisar e validar ideias de negócio de forma prática e ágil. Ao preencher o canvas, é possível verificar se a ideia é viável e sustentável em termos de clientes, recursos necessários, parcerias, entre outros fatores relevantes para um modelo de negócio de sucesso.

Comunicação interna e externa:

O Modelo Business Canvas também é uma ferramenta eficiente para a comunicação interna e externa da empresa. Ele permite que todos os envolvidos compreendam e visualizem de forma simples e clara como o negócio funciona, quais são os segmentos atendidos, quais são as fontes de receita, entre outras informações relevantes para o entendimento dos processos e estratégias.

4. Planejamento estratégico:

O Modelo Business Canvas pode ser usado como base para o planejamento estratégico da empresa. Ao preencher cada bloco do canvas, é possível estabelecer metas e definir ações para cada área do negócio, de forma a garantir o alinhamento de todas as áreas e o direcionamento para o sucesso empresarial.

Avaliação de desempenho:

Além disso, o Modelo Business Canvas possibilita a avaliação constante do desempenho da empresa. Ao analisar cada bloco do canvas, é possível identificar pontos fortes e fracos, oportunidades de melhoria e ajustes necessários para manter a empresa alinhada aos objetivos estratégicos.

Desenvolvimento de parcerias estratégicas:

O canvas também é uma ferramenta útil para identificar e desenvolver parcerias estratégicas. Ao preencher o bloco de parcerias-chave, é possível identificar quais são os recursos e as competências que podem ser adquiridos ou desenvolvidos através de parcerias, fortalecendo assim o modelo de negócio.

7. Inovação e adaptabilidade:

Por fim, o Modelo Business Canvas favorece a inovação e adaptabilidade da empresa, pois permite a visualização de diferentes cenários e possibilidades. Ao preencher cada bloco, é possível testar diversas hipóteses e estratégias, promovendo a flexibilidade necessária para enfrentar as constantes mudanças do mercado.O Modelo Business Canvas oferece inúmeros benefícios e aplicações para empreendedores e empresas. Desde a identificação de oportunidades de negócio até o desenvolvimento de parcerias estratégicas, essa ferramenta proporciona uma visão abrangente e detalhada do modelo de negócio, facilitando a tomada de decisões e o alcance do sucesso empresarial. Portanto, fazer uso deste modelo é essencial para qualquer empreendedor ou gestor que busca criar, inovar ou otimizar um negócio de forma eficiente.

CONHEÇA OS DEMAIS LIVROS DA SÉRIE GESTÃO

A série de livros sobre gestão consistirá em quatro volumes principais. Eles abordarão os seguintes tópicos:

1. **Planejamento**: Este livro guiará o leitor através do processo de planejamento, incluindo a definição de metas, a criação de um plano de ação e a identificação de recursos necessários.
2. **Execução**: Este volume se concentrará em como colocar o plano em ação. Ele cobrirá tópicos como gerenciamento e resolução de problemas.
3. **Melhoria**: Este livro ensinará ao leitor como melhorar continuamente os processos de gestão. Ele incluirá tópicos como análise de desempenho.
4. **Vendas**: O último livro se concentrará em vendas e marketing. Ele oferecerá estratégias para aumentar a visibilidade, atrair clientes e fechar vendas.

Cada livro será uma ferramenta valiosa para qualquer pessoa interessada em aprimorar suas habilidades de gestão.

ÓTIMAS VENDAS E MUITO SUCESSO!

SOBRE A AUTORA

Quem sou eu? A cada dia, busco aprofundar meu autoconhecimento, aumentar o amor-próprio e vivenciar intensamente cada momento. Após uma longa autoanálise, cheguei a uma conclusão, embora ainda esteja incerta se ela é uma verdade universal ou apenas a minha verdade.

Sou calma, paciente, constante e determinada. A perseverança é um dos meus valores mais importantes. Uma vez que estabeleço um objetivo, persigo-o incansavelmente até alcançá-lo, resistindo a qualquer adversidade que possa tentar frustrar meus propósitos. Tenho uma natureza prática e aprecio resultados concretos e tangíveis para os meus esforços.

Adoro trabalhar e sou persistente na busca dos meus desejos. Aprecio a natureza e o belo. Sou alguém que adora comer, talvez um pouco indulgente com pratos deliciosos e outros pequenos prazeres da vida. As minhas necessidades são simples e facilmente satisfeitas.

Tenho um forte desejo de segurança, estabilidade e paz. Raramente faço mudanças radicais na minha vida, a menos que trabalhe arduamente para isso. Apesar de não demonstrar muito as minhas emoções, anseio profundamente por carinho e afeto.

Devido à minha lealdade, constância emocional e paciência, sou boa conselheira. Detesto rebelião e mudanças abruptas, e por isso, geralmente, mantenho o equilíbrio em qualquer situação que a vida me apresente ou "empacada" mesmo. Tenho um senso inato de harmonia e naturalmente permito que as coisas cresçam e amadureçam à sua maneira, cultivando pacientemente o belo, seja em um jardim, numa criança ou num projeto criativo.

Agora falando de meus estudos (amo estudar), sou Neurocientista, psicanalista, publicitária, pedagoga e palestrante. Ao longo dos meus 25 anos de carreira, acumulei experiência em diversas áreas, como marketing, comunicação corporativa, marketing digital, B.I., social media, métricas online, eventos corporativos, gerenciamento de pessoas, campanhas publicitárias e gerenciamento de produtos.

Além disso, tenho o privilégio de ser professora de marketing e empreendedorismo há 15 anos, compartilhando meu conhecimento e inspirando milhares de alunos ao longo dessa jornada.

Minha história empreendedora começou de forma surpreendente aos 17 anos, em 1999, quando abri minha primeira empresa. Sou graduada em Marketing, com pós-graduação em Administração de Marketing, especialização em Gerência de Projeto PMI e MBA em Gestão Empresarial. Minha formação diversificada e abrangente me permite ter uma visão holística e inovadora em minhas abordagens.

Com um conhecimento vasto e uma paixão inabalável pelo meu trabalho, estou animada em compartilhar minhas experiências e insights neste livro, fornecendo aos leitores uma visão valiosa sobre o mundo do marketing e empreendedorismo.